CATALOGUE

D'UNE BELLE COLLECTION

DE

PORTRAITS HISTORIQUES

DES XVIIe ET XVIIIe SIÈCLES

DE LA RÉVOLUTION, DE L'EMPIRE ET DU XIXe SIÈCLE

PORTRAITS ANGLAIS

DONT LA VENTE AUX ENCHÈRES PUBLIQUES AURA LIEU

HOTEL DES COMMISSAIRES-PRISEURS, RUE DROUOT, N° 9

SALLE N° 8

Les Vendredi 21 et Samedi 22 Février 1896

A deux heures précises.

Par le ministère de Me **MAURICE DELESTRE**, Commissaire-Priseur,

Rue Drouot, 27.

Assisté de **M. JULES BOUILLON**, marchand d'estampes de la Bibliothè que nationale, rue des Saints-Pères, 3.

PARIS, 1896

PARIS

IMPRIMERIE D. DUMOULIN ET Cie

5, RUE DES GRANDS-AUGUSTINS, 5

CATALOGUE

D'UNE BELLE COLLECTION

DE

PORTRAITS HISTORIQUES

CATALOGUE

D'UNE BELLE COLLECTION

DE

PORTRAITS HISTORIQUES

DES XVIIe ET XVIIIe SIÈCLES

DE LA RÉVOLUTION, DE L'EMPIRE ET DU XIXe SIÈCLE

PORTRAITS ANGLAIS

DONT LA VENTE AUX ENCHÈRES PUBLIQUES AURA LIEU

HOTEL DES COMMISSAIRES-PRISEURS, RUE DROUOT, N° 9

SALLE N° 8.

Les Vendredi 21 et Samedi 22 Février 1896

A deux heures précises.

Par le ministère de Me **MAURICE DELESTRE**, Commissaire-Priseur,

Rue Drouot, 27.

Assisté de **M. JULES BOUILLON**, marchand d'estampes de la Bibliothèque nationale, rue des Saints-Pères, 3.

PARIS, 1896

CONDITIONS DE LA VENTE

La vente sera faite au comptant.

Les acquéreurs payeront *cinq pour cent* en sus des enchères, applicables aux frais.

M. Jules Bouillon, chargé de la direction de la vente, se réserve la faculté de rassembler ou de diviser les lots.

ORDRE DES VACATIONS

Vendredi 21 février	. . . .	Nos 1 à 250
Samedi 22 —	. . . .	251 à la fin.

DÉSIGNATION

PORTRAITS DU XVIIe SIÈCLE

CLASSÉS

PAR LETTRE ALPHABÉTIQUE DE NOMS DE GRAVEURS

ANONYMES

1 — Cardinal d'**Amboise**, — **Ferdinand** de Furstemberg, Évêque de Paderborn, — **Ribier** (Messire Guillaume), conseiller d'État. Trois portraits, in-fol. et in-4. Très belles épreuves.

2 — **Louis XIV**, portrait en pied, en costume d'empereur romain. Grand in-fol. en hauteur, Très belle épreuve.

3 — **Mortier** (Pierre), imprimeur à Amsterdam. In-fol. Superbe épreuve avant toutes lettres.

4 — Portrait d'un magistrat, avec grande perruque. In-fol. Épreuve avant toutes lettres, à l'état d'eau-forte.

AUDRAN (B.) ET BAUDET

5 — **Montfaucon** (D. Bern. de), d'après Geuslin, — **Perrault** (Charles), d'après Le Brun. Deux portraits in-fol. Très belles épreuves.

BAZIN ET BORREKENS

6 — **Crasset** (le Rev. P. Jean), d'après Du Mée, — **Riperda** (Guillaume). Deux portraits in-4. Très belles épreuves.

BLOOTELING (A.)

7 — **Fauconberg** (Thomas Belasyse, lord Viscount), d'après Beale, — **Huygens** (Constantin), d'après Vaillant. Deux portraits in-fol. Très belles épreuves.

BLOOTELING (A.)

8 — **Wittichius** (Christophe), d'après Slingeland, — **Wingaert** (Tobias Goverlsz Vanden), d'après Van Musscher. Deux portraits in-4 et in-fol. Très belles épreuves.

BONNART ET BOLSWERT

9 — **Philippe**, fils de Philippe V, roi d'Espagne, — **Lipse** (Juste). d'après Van Dyck. Deux portraits in-4. Belles épreuves.

BOULANGER ET J. CHEREAU

10 — **Haynin** (François-Isidore de), — **Thou** (Jac.-Aug. de). Deux portraits in-fol. et in-4. Très belles épreuves.

CHEREAU (F.)

11 — **Aragon** (Jeanne d'), reine de Sicile, d'après Raphaël. In-fol. Superbe épreuve avant toutes lettres, marge.

12 — **Cheron** (Élisabeth-Sophie), d'après elle-même. In-fol. Très belle épreuve, marge.

DESROCHERS, DOSSIER ET P. DREVET

13 — **Deshoulières** (Mme), d'après Mlle Cheron, — **Rousselin** (Eustache), conseiller général du Marc d'or, d'après Tramblin, — **Cromwelll** (Olivier), d'après Vander-Werff. Trois portraits in-8 et in-fol. Très belles épreuves.

DUFLOS (CL.)

14 — **Thierry** (Denis), d'après Ferdinand, — Le Père **Séraphin**. Deux portraits in-fol. Très belles épreuves.

FROSNE, GANTREL ET C. GALLE

15 — **Gassendi** (Pierre), — **Garnier** (Jean), de la Société de Jésus, — **Adami** (Adamus), d'après Van Hulle, — **Piccolomini** (Octavius), d'après Van Hulle. Quatre portraits in-fol. Très belles épreuves.

GIFFART, GOLE ET GRIGNON

16 — **Giavarina** (Bartholemœus), d'après J. Van Schuppen. — **Sibersma** (Hero). — **Chaulnes** (Françoise de Neufville, duchesse de). **Bréauté** (Françoise de Harlay, veuve de Monsieur de). Quatre portraits in-fol. Très belles épreuves.

HABERT, DE IODE, ISAAC ET LANDRY

17 — **Jansenius** (Corn.), d'après Champagne, — **Turenne**, d'après Van Hulle, — **Pasquier** (Etienne), — **De La Salle** (Eustache), d'après Le Febvre, — **Rouillé** (Petrus). Cinq portraits in-4 et in-fol. Très belles épreuves.

DE LARMESSIN ET DE LAROUSSIÈRE

18 — **Lamet** (Philippe de), doyen de la Faculté de théologie de Paris, d'après Merelle, — **Castelnau** (Messire Michel de), ambassadeur en Angleterre. Deux portraits in-fol. et in-4. Belles épreuves.

LENFANT

19 — **Biscarras** (Jean-Armand de), évêque de Loudun, — D'**Auvergne** (Jacobus), professeur d'arabe à Paris, — De la **Roquette de Briscot**, évêque, — **Souvré** (Jacques de), d'après P. Mignard. Quatre portraits in-fol. Très belles épreuves.

LOMBART (P.)

20 — **Grammont** (le maréchal de), d'après Vaillant, — **Maissat** (Pierre), d'après C. Lefebvre, — **Pétaud** (Paul), conseiller au Parlement, d'après J. Questel. Trois portraits in-fol. Très belles épreuves.

LOUYS (I.)

21 — **Spinola** (Ambroise), d'après Van Dyck. In-fol. Très belles épreuves, marge.

LUBIN ET MATHAM

— **Vouet** (Simon), — **Leblond** (Michel), agent de Suède en Angleterre, d'après Van Dyck, — **Nassau** (Maurice de). Trois portraits in-4 et in-fol. Très belles épreuves.

PICART (ETIENNE)

23 — **Cigala** (J.-M.), d'origine ottomane, devenu par la grâce de Dieu prince chrétien, — **Estrades** (L.-G. comte d'), — **Mezereau**, historiographe de France. Epreuve avant la lettre. Trois portraits in-fol. et in-4. Très belles épreuves.

PICAULT (P.)

24 — **Richard** (Elie), avocat au Parlement. In-4. Très belle épreuve, marge.

PITAU (N.)

25 — **Ermengarde**, fille de Foulques Rechin, comte d'Anjou, seconde femme d'Alain Sergent, duc de Bretagne, représentée en pied et grand costume de cour. Très belle épreuve. Rare.

POILLY (F.)

26 — **Orléans** (Philippe d'), frère de Louis XIV, d'après Nocret. In-fol. Très belle épreuve.

27 — **Bayle**. In-fol. Rare épreuve avant la lettre.

28 — **Borgia** (F. de), troisième général des Jésuites, — **Tonduti**. 1er état, avant l'inscription sur la bordure. Deux portraits in-fol. et in-4. Belles épreuves.

PONTIUS (PAUL)

29 — **Ferdinand**, archiduc d'Autriche, d'après Rubens. In-fol. équestre. Très belle épreuve.

RAGOT, REGNESSON ET DE ROCHEFORT

30 — **L'Aubespine**, d'après Du Moustier, — **Buridan** (J.-B. de), professeur à l'université de Reims, — **Villars** (le maréchal de), d'après Rigaud. Trois portraits in-4 et in-fol. Très belles épreuves.

ROUSSELET, ROULLET ET SADELER

31 — **Berthier**, évêque de Montauban, d'après Justus d'Egmont, — **Le Camus** (Étienne), cardinal, — **Breughel** (Pierre), peintre, d'après Spranger, — **Longueval** (Charles de), comte de Buquoy. Quatre portraits in-fol. et in-8. Très belles épreuves.

SCOTIN ET SIMONNEAU

32 — **Vincent de Paul**, appelé au Conseil par la reine d'Autriche, d'après De Troy, — **Louis XIV**. Frontispice allégorique d'après Coypel, — **Cosme III** de Médicis. Frontispice allégorique, d'après Le Clerc. Trois pièces in-fol. Belles épreuves.

SIMONNEAU (L.)

33 — **Charmois** (Martin de), directeur de l'Académie de peinture, d'après Sébastien Bourdon. In-fol. Très belle épreuve avant toutes lettres.

SOMPEL ET SOUTMAN

34 — **Ferdinand,** frère de Philippe IV, roi d'Espagne, d'après Van Dyck. Frontispice de la suite de portraits des princes de Nassau. Deux pièces in-fol. Très belles épreuves.

SUYDERHOEF (J.)

35 — **Heinsius** (Daniel). Épreuve du deuxième état, avec l'adresse de Banheinning, — **Smaltius** (Noé). Deux portraits in-fol. Très belles épreuves.

THOMASSIN (J.)

36 — **Truchet** (Sébastien), d'après Mlle Cheron, — **Le Bouthillier de Rancé,** d'après Rigaud, — **Regis** (Pierre-Silvain), de l'Académie des sciences, — **Schroder** (Christian). Quatre portraits in-8 et in-fol. Très belles épreuves.

VALLET ET VAN DALEN

37 — **Molinos** (Michel), prêtre espagnol, — **Petri** (Rudolphus), d'après Van Nieulandt. Deux portraits in-4 et in-fol. Belles épreuves.

VAN DALEN (C.)

38 — **Este** (Isabelle d'), sœur de Lucrèce Borgia, d'après Titien. In-fol. Très belle épreuve, avant la lettre.

VERMEULEN (C.)

39 — **Léonard** (Frédéric), imprimeur du Dauphin, d'après Rigaud, — **Le Fèvre de Caumartin** (Louis-Urbain), d'après F. de Troy, — **Brunenc** (Jean de), d'après Rigaud. Trois portraits in-4 et in-fol. Très belles épreuves.

VISSCHER ET WESTERHOUT

40 — **Théodore VI,** comte de Hollande, — **Bernin** (le cavalier), d'après J.-B. Galle. Deux portraits in-fol. et in-4. Belles épreuves.

PORTRAITS DU XVIIIe SIÈCLE

CLASSÉS

PAR ORDRE ALPHABÉTIQUE DE NOMS DE PERSONNAGES

---

41 — **Alembert** (J. d'), par P. Maleuvre, d'après Pujos, — **Amelot** (J. A.), par Saint-Aubin, — **Argental** (le comte d'), par Fosseyeux, d'après Defraine, — **Artois** (Charles Philippe, comte d'), par Hubert, d'après Vanloo. Quatre portraits in-8. Très belles épreuves, avec marges.

42 — **Assas** (le chevalier d'), gravé en couleur par Morret, d'après de Bru. In-4. Très belle épreuve avant la lettre.

43 — **Bart** (le chevalier), par Hubert, — **Bavière** (Maximilien-Emmanuel II, duc de), par Sornique. Epreuve avant la lettre, — **Beaufort** (le duc de), par Hubert. Épreuve avant la lettre, — **Belle-Isle** (le maréchal de), par Vangelisty. Quatre portraits in-8 et in-4. Très belles épreuves.

44 — **Beich** (J.-F.), gravé par Haid, d'après Bergmuller. — **Bernis** (le cardinal de), gravé par Cunego, d'après Callet, — **Bignon** (Armand-Jérome), par N. De Launay, d'après Drouais. Trois portraits in-fol. Très belles épreuves.

45 — **Bernis** (le cardinal de), par d'Agincourt, — **Berregard,** par Bernigeroth. Epreuve avant la lettre, — **Bielfeld** (le baron de), par Stein, — **Bignon** (A.-J.), par Ingouf, d'après Drouais, — **Boissieu** (J.-J. de), graveur. Cinq portraits in-8 et in-4. Très belles épreuves.

46 — **Boufflers,** par Benoist. Epreuve avant la lettre. — **Bouillon** (Jean-Baptiste de), capucin, par Ancelin, — **Braamcamp,** sculpteur, par Vinkeles, — **Buffon** (G.-L., comte de), par Vangelisty. Quatre portraits in-4 et in-fol. Très belles épreuves.

PORTRAITS DU XVIIIe SIÈCLE

47 — **Brunswick** (Albert-Henri, prince de), gravé par Bernigeroth, — **Charles,** archevêque de Cambrai, par Cars, d'après Belle, — **Chavier** (Pierre), par Duponchel, d'après Kimeli. Trois portraits in-fol. Très belles épreuves.

48 — **Buisson de Beauteville** (Jean-Louis de) évêque d'Alais, par Voyez, d'après Le Moine, — **Caffiery** (J.-J.), par Saint-Aubin, d'après Cochin, — **Canavas** (J.-B.), par Lingée, d'après Cochin, — Le Dîner de **Casanova.** Quatre portraits in-8 et in-4. Très belles épreuves.

49 — **Catherine II**, par Fossoyeux, — **Caylus** (le comte de), par Littret, et un autre par De Launay, d'après Cochin, — **Charles III,** en chasseur, — **Chartres** (Louis-Philippe-Joseph, duc de), par Hubert. Cinq portraits in-8. Très belles épreuves avec marges.

50 — **Chaulieu** (Guillaume Amfrie de), par Ficquet, — **Chénier** (M.-J. de), par Boutelou, — **Cheron** (Aug.-Athanase), de l'Académie royale de musique, par Colinet. Trois portraits in-8. Très belles épreuves.

51 — **Chevert** (François de), gravé en couleur par Bidé, d'après Sergent, — le même personnage, gravé par Vangelisty. — **Chrétien** (le courageux Joseph), gravé par Beljambe. En couleur. Trois portraits in 4. Très belles épreuves.

52 — **Chollier** (Pierre de), par Seraucourt, d'après Grandon, — **Crillon** (le duc de), par Deny, d'après Desrais, — **Durazzo** (le comte Jacques), par Wagner, d'après de Meytens. Trois portraits in-4 et in-fol. Très belles épreuves.

53 — **Clairon** (Hyppolyte de La Tude). Deux portraits différents, in-8 et in-fol., gravés par Littret. Très belles épreuves.

54 — **Clément IV,** par Le Grand. — **Colardeau** (Charles-Pierre), de l'Académie française, par Lingée, d'après

Trinquene, — **Coppette** (P. F.), prêtre, par Lempereur, — **Condillac,** par A. Clément. Quatre portraits in-12 et in-4. Très belles épreuves.

55 — **Conrard-Detleu,** par Chereau, d'après Rigaud, — **Choiseul** (le duc de), par Voyez, d'après Bounieu. Deux portraits in-fol. Très belles épreuves. Marges.

56 — **Crebillon,** par Bradel. Epreuve à l'état d'eau-forte, — **Crebillon** (J. de), le fils, par de Saint-Aubin, — **Crequi** (François de), Maréchal de France, gravé en couleur par Sergent, — **Dampierre** (M. de), par Henriquez. Quatre portraits in-8 et in-4. Très belles épreuves.

57 — **Delille** (l'abbé). Deux portraits différents, par Cheesman et Cardon, — **Delfino** (Le Chevallier), par Durmer. Epreuve avant la lettre, — **Denon** (le baron), gravé par lui, d'après Ramberg. Quatre portraits in-8 et in-4. Très belles épreuves.

58 — **D'Eon de Beaumont** (la chevalière), en minerve, gravé par Condé, — **Duchange** (Gaspard), par Dupuis, d'après Cochin, — **Duclos** (Charles). Epreuve avant la lettre, — Le même personnage, gravé par Cochin. Quatre portraits in-8 et in-4. Très belles épreuves.

59 — **Duport,** violoncelliste, par Denon, — **Fauvel** (Ch. Ant.-Aug.), prêtre de Paris, par Jeaurat, — **Felice** (Fortunatus de), — **Fielding** (Henri), par Hogarth, — **Fitz-James** (Jacques de), duc de Berwick, gravé en couleur par Roger, d'après Sergent. Cinq portraits in-8 et in-4. Très belles épreuves.

60 — **Engel** (J.-J.), auteur dramatique, gravé par Freidhof, d'après F.-G. Weitsch, — **Espagne** (Marie-Louise-Gabrielle de Savoie, reine d'), par C. Duflos, — **Fremin** (René), par L. Surugue, d'après de Latour. Trois portraits in-fol. Très belles épreuves.

PORTRAITS DU XVIIIe SIÈCLE

61 — **Flipart** (Jean-Jacques), graveur, par Ingouf, — **Friesendorff** (la baronne de), gravé par Eberts, d'après Boucher. Deux portraits, in-4. Très belles épreuves.

62 — **Fiorillo** (Jean), peintre d'histoire, gravé par Schwenterley, — **François II,** gravé par Neidl, d'après Kreutzinger. Epreuve avant la lettre, — **Frédéric** (Henri-Louis de Prusse), par Vinsac. Trois portraits in-4. Très belles épreuves. Grandes marges.

63 — **Freund** (Jean-Christophe), peintre, par Rosbach, — **Gaultier** (François), abbé, par Hortemels, d'après Belle, — **Georges I**[er], roi de la Grande Bretagne, par B. Picart. Trois portraits in-fol. Très belles épreuves.

64 — **Gatzert** (Ch. H. S. von), par C. Felsing, en couleur, — **Gauzargues** (Ch.), chanoine de l'Eglise de Nimes, par Saint-Aubin, d'après Cochin, — **Gibelin** (A. Court de), par Huot, d'après Pujos, — **Gelbert** (Ch. F.), par Haid, — **Gessner** (Salomon). Deux portraits différents par Haid et Le Beau. Six portraits in-8 et in-4. Très belles épreuves, avec marges.

65 — **Greuze** (J.-B.). par Mariage, — **Guillain** (Simon), sculpteur du roi, par Surugue, d'après Coypel, — **Honert** (Taco Hajo Vanden), par Houbraken. Trois portraits in-fol. Très belles épreuves.

66 — **Hagedorn** (Frédéric von), par Canale, d'après Drouais, — **Hallé,** peintre, par Aliamet, d'après Denon. Epreuve avant la lettre, — **Hénault** (le président), par J. Marchand. Epreuve avant la lettre, — Le même personnage, gravé par Voyez. Quatre portraits in-8 et in-4. Très belles épreuves.

67 — **Henri IV,** buste au milieu de figures allégoriques pour frontispice de la Henriade, gravé par Dambrun, d'après Queverdo, — **Herbin,** par Laurent, — **Herrenschwand** (J.-F. de), médecin, par Eichler, — **Johnson** (Samuel), par Davenport, d'après Opie, — **Jomelli** (N.), par de La

Live. Cinq portraits in-8 et in-4. Très belles épreuves, marges.

68 — **Imhoff** (G.-W.), par Tanjé, — **Harlay** (Marie-Anne de), abbesse de l'Abbaye au bois, par Tardieu, — **Kolloniz** (le cardinal de), par Muller. Trois portraits in-fol. et in-4. Très belles épreuves.

69 — **Jones** (John-Paul), par Moreau le jeune, — **Joseph** de Lorraine, archiduc d'Autriche, — **Juigné de Neuchelle** (Ant. E.-L. Le Clerc de), archevêque de Paris, — **Keppel**, amiral, par Ryland, — **Klopstock**, par A.-W. Bohm. Cinq portraits in-8 et in-4. Très belles épreuves, marges.

70 — **Kosegarten**, par Lipse. Epreuve avant la lettre, — **La Caille** (l'abbé de), par de Vaux, d'après Cochin. Epreuve avant la lettre, — **La Galaisière** (Martin Chaumont de). Trois portraits in-8 et in-4. Très belles épreuves, marges.

71 — **La Chantrie** (Mlle), de l'Opéra, gravé par Gilbert, d'après Pierre. In-fol. Très belle épreuve, grande marge.

72 — **La Chaussée** (Pierre-Claude-Nivelle de), par Miger, d'après La Roche, — **La Morlière** (Charles Richer de Roddes de), par Lépicié, d'après La Tour, — **Languet** (Joseph), archevêque de Sens, par Gaillard, d'après J. Chevallier. Trois portraits in-fol. Très belles épreuves.

73 — **La Galissonnière** (M. de), par Hubert. Deux épreuves, dont une avant toutes lettres, non terminée. — **Lantara** peintre, par Guyot, — **La Place** (P. de), par Saint-Aubin. Quatre portraits in-8 et in-4. Très belles épreuves.

74 — **Latteignant** (l'abbé de). Epreuve avant la lettre, — **Latour Chatillon-zur-Lauben** (B. F. et baron de), par Pfeninger, — **Laujon** (P.), par Bourgeois de la Richardière, — **Leibtnitz** (G.-G.), par Ficquet. Quatre portraits in-8 et in-4. Très belles épreuves.

PORTRAITS DU XVIIIe SIÈCLE

75 — **Le Moine** (J.-B.) fils, par Dupuis, d'après Cochin, — **Le Noir** (Claude), avocat au Parlement, — **Leroy** (L.-G.), prêtre d'Auxerre, par J. Tardieu, — **Le Sueur** (François), aveugle, par Desmaisons. Quatre portraits in-8. Très belles épreuves.

76 — **L'Etandière** (le marquis de), par Hubert, — **Linguet**, avocat, par Saint-Aubin, — **Liria** (le duc de), par Gamborino. Trois portraits in-8. Très belles épreuves.

77 — **Linné** (Charles), par Bervic, d'après Roslin, — **Locke** (Jean), par Tanjé, — le Buste de **Louis XIV**, à Versailles, par Surugue, d'après Chevotet. Trois portraits in-4 et in-fol. Très belles épreuves.

78 — **Louis XV**, en grand costume, par Duflos, — **Louis XV**, d'après une médaille, avec en regard, le revers de cette médaille, — **Louis XV**. Buste au milieu de figures allégoriques, par B. Picart, — **Le Régent**, par Guibert, d'après Santerre, — **Louis**, Dauphin de France, père de Louis XV. Cinq portraits in-8 et in-4. Très belles épreuves.

79 — **Louis XV**, par Lebert, d'après Cochin, — **Louis XVI**, par Hubert, — Charles Philippe comte **d'Artois**, par Lebert. Trois portraits in-8. Belles épreuves.

80 — **Louis**, dauphin de France, fils de Louis XV. Deux portraits différents, par Littret et Delatre. Très belles épreuves.

81 — **Louis**, dauphin de France, par Wille, d'après Klein, — Mgr le **Dauphin**, par Thomassin, d'après de Troy. Deux portraits in-4 et in-fol. Belles épreuves.

82 — **Louis XVI**. Petit buste au milieu de figures allégoriques. Rare épreuve à l'état d'eau-forte. In-4.

83 — **Lowendal** (Woldemar de), Maréchal de France, gravé en couleur, par Ridé, d'après Sergent. — **Mably**, par Vinsac. Epreuve avant la lettre, — **Mairan** (J.-J. Dortous de), par Miger, d'après Cochin, — **Maillebois**, par Vangelisty, Quatre portraits in-4. Très belles épreuves.

PORTRAITS DU XVIIIe SIÈCLE

84 — **Maimbourg** (Louis), jésuite, par Ficquet, — **Maintenon** (la marquise de), par Lalive, — **Mazareddo** (Joseph de), par Selma, — **Mercier** (Louis-Sébastien), par Henriquez. Quatre portraits in-8 et in-4. Très belles épreuves.

85 — **Marcolini**, par Seiffert. Epreuve avant la lettre, — **Maupeou** (Réné-Nicolas-Charles-Augustin de), par Habert, — **Mendoca** (Diogo de), ministre portugais, par Gaillard. Trois portraits in-fol. Très belles épreuves.

86 — **Miger** (S.-C.), gravé par lui-même, — **Milley** (Claude-François), missionnaire, par Cars, — **Miromenil** (Armand-Thomas-Hue, marquis de). Deux portraits différents par Hubert et Anselin. Quatre portraits in-8 et in-4. Très belles épreuves.

87 — **Monet**, par Saint-Aubin, d'après Cochin, — **Montesquieu**, par Gampion de Tersan, — **Morell** (T.), par Bazire, d'après Hogarth, — **Morghen** (Raphaël, — **Mozart** (W.-A.), par Quenedey. Cinq portraits in-8 et in-4. Très belles épreuves.

88 — **Muller** (Mme) et sa fille, gravé par J. G. Muller, sous le titre de : *la Tendre mère*, d'après Tischbein. Très belle épreuve. Marge.

89 — **Nivelle** (Gabriel-Nicolas), prestre du diocèse de Paris, — **Orange** (Guillaume-Henri-Friso, prince d'), par Tanjé, — **Orange** (Jean-Friso, prince d'), par Houbraken. Trois portraits in-fol. Très belles épreuves.

90 — **Nivernais** (le duc de), par Hubert, — **Olivet** (l'abbé d'), par Le Vasseur, — **Origny** (A.-J.-B. d'), conseiller à la Cour, par Letellier, — **Orléans** (la duchesse d'), par Guibert, d'après Rigaud. Epreuve avant la lettre, — **Orléans** (Philippe d'), régent, par J. Chereau. Cinq portraits in-8 et in-4. Très belles épreuves.

91 — **Orléans** (Louis Philippe duc d'), par Lebeau, d'après Delorme, — **Pujet** (Pierre), par Jeaurat, — **Joze** (dom),

roi de Portugal, par Gaillard. Trois portraits in-fol. Très belles épreuves.

92 — **Ossat** (Arnaud d'), cardinal, par Ficquet, — **Paris-Duverney** (Joseph), par P. Aveline, — **Parrocel** (Ch.), par Cochin et Dupuis, — **Pierre**-le-Grand, par Langlois, — **Pierre** (J.-B.-M.), peintre, par Saint-Aubin, d'après Cochin, — **Piron** (Alexis), par Bovinet. Six portraits in-8 et in-4. Très belles épreuves.

93 — **Pompadour** (Mme de), gravé par Anselin, d'après Vanloo, sous le titre de : *La Belle Jardinière*. Superbe épreuve. Marge.

94 — **Pope** (Alexandre), par Wille, — **Pothier** (Robert-Joseph), par Vangelisty, — **Radix** (Claude-Mathieu), par Saint-Aubin, d'après Cochin, — **Raynal** (G.-Th.), par Saint-Aubin, d'après Cochin, — **Raynal** (G.-Th.), — **Regny** (François de), par Campion, d'après Cochin. Six portraits in-8 et in-4. Très belles épreuves.

95 — **Pourfourt-Du-Petit** (François). Gravé par Beaumont, d'après Restout, — **Pierry** (David), par Ab. Girardet. Deux portraits in-4 et in-fol. Très belles épreuves.

96 — **Prusse** (Frédérique-Louise-Wilhelmine, princesse de). Gravé par Sintzenich, d'après Schroder. In-fol. Très belle épreuve. Grande marge.

97 — **Rentsch** (Gottfried). Gravé par Schultze, d'après Schenau, — **Rue** (dom Joseph del), par Moitte, d'après Greuze. Très belles épreuves.

98 — **Rivard** (François), par Aubert, d'après Valade, — **Rollin,** par Tanjé, — **Sacchini** (A.), par Saint-Aubin, d'après Cochin, — **Saint-Foix** (Poullain de), par Maleuvre, — **Saint-Lambert.** Epreuves avant toutes lettres. Cinq portraits in-8 et in-4. Très belles épreuves.

99 — **Rohan** (Emmanuel de), par Cunego, d'après Favray, — **Romeyn de Hooghe,** par Houbraken, — **Saint-**

PORTRAITS DU XVIIIe SIÈCLE

Florentin (le comte de), en buste au milieu de figures allégoriques. Gravé par Fessard. Trois portraits in-fol. et in-4. Très belles épreuves.

100 — **Saint-Non** (J.-C.-Richard, abbé de). Gravé par Delvaux, — **Saint-Omer,** acteur, par Bernard, — **Delisle de Sales,** par Vinsac. Epreuve avant la lettre, — Le même personnage, gravé par Duflos, — **Salis** (J.-G.). Cinq portraits in-8 et in-4. Très belles épreuves.

101 — **Salmon** (Marie-Françoise-Victoire), en couleur, — **Schubert** (J.-D.), par Schultze, — **Segner** (J.-And. von), par Bauge, — **Sorbet** (Claude-Leger), par Moitte, d'après Cochin, — **Sotomayor** (Jaime-Masones de Limay), par Salvador. Cinq portraits in-8 et in-4, Très belles épreuves.

102 — **Sarazin** (Jacques), l'aîné, par Cochin, — **Seba** (Albert), par Houbraken, — **Steinheil** (Georges-Albert), par Weiss, d'après Scupel. Trois portraits in-fol. et in-4. Très belles épreuves,

103 — **Spalding** (J.-J.), par Bause, d'après Graff. — **Stolberg** (la comtesse), par Denon, — **Suffren** (P. A. de), par Chapuy, en couleur, — **Thoyras** (Paul-Rapin de), par Houbraken. Quatre portraits in-8 et in-4. Très belles épreuves.

104 — **Terray** (l'abbé), gravé par Cathelin. In-fol., superbe épreuve avant toutes lettres.

105 — **Tourville** (le comte de), par Sergent, en couleur, — **Vauban** (le comte de), gravé, en couleur, par Mme de Cernel, d'après Sergent. Deux portraits in-4. Très belles épreuves.

106 — **Valentinus** (Franciscus), par P. Gunst, — **Vanloo** (Carle), par Basan, — **Winkler** (G.), par Bause, d'après Graff, — **Wurtenberg** (Élisabeth-Wilhelmine, princesse de), par Hubner. Quatre portraits in-4 et in-fol. Très belles épreuves.

PORTRAITS DU XVIIIe SIÈCLE

107 — **Verkolie** (Nicolas), par Houbraken, — **Verhulst** (le chevalier de), par Cardon, — **Vermont** (Carolo-Tussano de), par L.-F. de Vermont. — **Villeneuve-Vence de Saint-Vincent** (dame Julie de), par A. Romanet. Quatre portraits in-8 et in-4. Très belles épreuves.

108 — **Vivonne** (le maréchal de), par Hubert, — **Voisenon** (Claude-Henri de fusée de), par de Launay, — **Voltaire**, par Balechou, — **Watteau** (Ant.), par Lepicié. Quatre portraits in-8. Très belles épreuves.

109 — **Wolf** (Chr. L.-B. de), par Bernigeroth, — **Worlock**, par Saint-Aubin, d'après Denon. Deux portraits in-8 et in-4. Belles épreuves.

COCHIN (d'après C.-N.)

110 — Frontispice de l'Encyclopédie, par B.-L. Prevost. Belle épreuve.

INGOUF

111 — Revue après une bataille. In-fol Très belle épreuve.

MARILLIER ET PONCE

112 — **Bart** (Jean), — **Deshoulières** (Mme), — **Louis XIV**, les deux **Mansart**, — **Puget** (P.). Cinq pièces de la suite des Français illustres. Superbes et très rares épreuves avant toutes lettres, à l'état d'eau-forte.

PREVOST

113 — Vaisseaux présentés au roy par les provinces de France, le clergé et les autres principaux corps de l'Etat en 1761 et 1762, d'après Ozanne. Très belle épreuve.

PORTRAITS

DE

L'ÉPOQUE DE LA RÉVOLUTION

CLASSÉS

PAR LETTRE ALPHABÉTIQUE DE NOMS DE PERSONNAGES

---

114 — **Aiguillon** (le duc d'), par Vérité, en couleur, — **Bailly** (J.-S.), maire de Paris. Deux portraits différents, dont un en couleur. Trois portraits in-8. Très belles épreuves.

115 — **Andreossy** (le général), gravé par Cardon, d'après Guérin. In-fol. Très belle épreuve, toute marge.

116 — **Barrère** à la tribune, par Denon. In-fol. Superbe épreuve avant toutes lettres, toutes marges.

117 — **Bonaparte**, couronné par la Victoire, gravé par P. Simon, d'après C. Vernet. In-fol. Très belle épreuve avant la lettre, marge.

118 — **Bonaparte**, premier consul; en bas une frise représentant la bataille de Marengo, — **Moreau**, général en chef de l'armée du Rhin; en bas une frise représentant la bataille de Hohenlinden. Deux portraits faisant pendants, gravés par Audouin et Duplessis-Bertaux. In-fol. Très belles épreuves.

119 — **Bonaparte**, premier consul, par Chataignier. In-4, en couleur. Très belle épreuve. Rare.

120 — **Bonaparte**, premier consul. Trois portraits différents par Jeoffroy, Massard, dont deux avant la lettre. Très belles épreuves.

121 — **Bonaparte**, premier consul, par Levachez fils. In-8, en couleur. Très belle épreuve, toute marge.

PORTRAITS DE L'ÉPOQUE DE LA RÉVOLUTION

122 — **Cacault** (François), par Fontana, — **Carteaux**, par Tassaert, — **Charles-Louis**, archiduc d'Autriche. Deux portraits différents par Mechel et Weiss. Quatre portraits in-8 et in-4. Belles épreuves.

123 — **Calonne** (monsieur de), ministre d'Etat, par de Bréa, d'après Mme Le Brun. In-fol, en manière noire. Superbe épreuve.

124 — **Chalier** (Joseph), par Angélique Briceau, en couleur. Très belle épreuve.

125 — **Charette** (le général). In-4. Très belle épreuve avant toutes lettres.

126 — **Clermont-Tonnerre**, président à l'Assemblée nationale, par Vérité, en couleur. — **Corday** (Marie-Anne-Charlotte). Deux Portraits in-8. Très belles épreuves.

127 — **Condé** (Louis-Joseph de Bourbon, prince de), par Bartolozzi, d'après de Tott. In-fol. Très belle épreuve.

128 — **Élisabeth** (Philippine-Marie-Hélène de France), par Schiavonetti. In-8. Très belle épreuve.

129 — **Favras** (le marquis de), par Aubry, — **Gérard**, cultivateur, député de Rennes, par Vérité, en couleur, — **Guillotin** (J.-V.), par Zancon, — **Herné** (le Grenadier). Quatre portraits in-8. Très belles épreuves.

130 — **Franklin**. Grande pièce allégorique, gravée par Marguerite Gérard, d'après Fragonard. Très belle épreuve.

131 — **Hood** (lord), vice-amiral anglais, par Fiésinger. In-fol. Très belle épreuve, toute marge.

132 — **Jefferson**, président des Etats-Unis, par Dequevauviller. In-4. Deux épreuves, dont une avant toutes lettres, à l'état d'eau-forte, et l'autre terminée avant la lettre. Sur chine.

PORTRAITS DE L'ÉPOQUE DE LA RÉVOLUTION

133 — **Kilmaine**, par Bougeois, d'après Le Dru, — **Kléber**, par Morel, d'après Boilly. Deux portraits in-4, en pied. Très belles épreuves.

134 — **Lafayette**, debout près de son cheval, que tient un nègre, — **Washington** tenant, sous sa main, la déclaration de l'indépendance, épreuve avant la lettre. Deux portraits faisant pendants, gravés par Le Mire, d'après Le Paon. Très belles épreuves.

135 — **Lafayette**. Buste couronné par la Prudence, par Lagardette. In-4. Belle épreuve.

136 — **Lamballe** (la princesse de), par Ruotte, d'après Danloux. In-4. Très belle épreuve, marge.

137 — **Lamballe** (la princesse de), par Simonet. In-8. Très rare épreuve avant le lettre.

138 — **La Rochefoucault**. député de Paris, par Vérité. In-8, en couleur. Très belle épreuve, marge.

139 — **Launay** (le marquis de), gouverneur de la Bastille, gravé par Chenon. In-4, en bistre. Très belle épreuve, marge.

140 — **Lepelletier** (Michel), par Angélique Briceau. In-fol., en couleur. Très belle épreuve.

141 — **Louis XVI**, représenté assis dans son cabinet, gravé, en couleur, d'après Audebert. Grand in-fol. Superbe épreuve, toute marge.

142 — **Louis XVI**, — **Marie-Antoinette.** Deux portraits in-8 faisant pendants. Gravés par Brookshaw, en manière noire. Très belles épreuves. Rares.

143 — **Louis XVI**, par Macret, — **Marie-Antoinette**, en bas la scène des Adieux, en couleur. Deux portraits in-4. Très belles épreuves.

144 — **Louis XVI**, — **Marie-Antoinette**. Quatre portraits. Belles épreuves.

PORTRAITS DE L'ÉPOQUE DE LA RÉVOLUTION

145 — La Tête de Louis XVI, tenue par une main, avec cette légende : *Qu'un sang impur abreuve nos sillons*. A Paris, chez Villeneuve. Très belle épreuve. Rare.

146 — **Louis XVI**, en bas, la scène de son exécution, par Gabrielli. In-4. Très belle épreuve.

147 — **Maillet du Pan**, gravé par Heath, d'après J.-F. Rigaud. In-fol. Très belle épreuve.

148 — **Marat** (Jean-Paul), — **Melzi**, vice-président de la République italienne, par Boggi, d'après Longhi. — **Mirabeau**, par Copia, d'après Sicardi. Trois portraits in-8. Très belles épreuves.

149 — **Marie-Antoinette**, reine de France, par Bartolozzi. In-fol. Très belle épreuve.

150 — **Monnier** (le général). In-4, en pied. Très belle épreuve avant toutes lettres.

151 — **Momoro** (A.-F.-M.), par Gaucher, — **Moscati** (Pietro), par Albertolli, — **Nelson**, d'après Hoppner, par Wedgwood. Trois portraits in-8 et in-4. Très belles épreuves.

152 — **Necker**, ministre d'État, par Boillet. In-fol. en couleur, Très belle épreuve.

153 — **Necker**, par Sergent, d'après Duplessis. In-4 en couleur. Très belle épreuve.

154 — **Noot** (Vander), par Bartolozzi, d'après de Glim. In-fol. Très belle épreuve avant la lettre, imprimée en bistre.

155 — **Orléans** (le duc d'), par Fiesinger, — Orleans (Louise-Marie-Adélaïde de Bourbon-Penthièvre, duchesse d'), par Mecou. Deux portraits in-8 et in-4. Très belles épreuves. Le premier est avant la lettre.

156 — **Otto** (Louis-Guillaume), par Cardon, d'après Boze, — **Roberjot** (le citoyen), par Guérin, — **Romagne** (M. de), poète, par Vérité, en couleur. Trois portraits in-8. Très belles épreuves.

PORTRAITS DE L'ÉPOQUE DE LA RÉVOLUTION

157 — **Souwarof,** par Laurens, 1799, — **Target** (G.-J.-B.), Vinsac, d'après Pujos, — **Vandernoot** (Messire Henri), publié par Bance, — **Washington** (G.), par Lebeau, — **Wurmser,** par Mansfeld, cinq portraits in-8 et in 4. Très belles épreuves.

158 — Lit de justice, tenu à Versailles le 6 août 1787, par Girardet. Épreuve avant la lettre, — Serment prêté dans le jeu de Paume à Versailles, 20 juin 1789, par Levachez. Deux pièces. Belles épreuves.

159 — Siège de la Bastille, 14 juillet 1789, publié par Girardet, — Prise de la Bastille, le 14 juillet 1789, publié par Janinet, — Repas des gardes du corps, par Berthault. Épreuve avant la lettre. Trois pièces. Très belles épreuves.

160 — Vue du Champ de Mars le 14 juillet 1790, par Girardet, — Grande séance aux Jacobins, en janvier 1792, — Ouverture du Club de la Révolution, — Assassinat de Basseville, à Rome, le 13 janvier 1793, par Masquelier. Quatre pièces. Très belles épreuves.

161 — L'Aristocrate, Maudite Révolution, — Le Démocrate, Ah l'bon décret, — Le Cauchemar de l'Aristocratie. Trois pièces publiées chez Villeneuve, en couleur. Très belles épreuves.

162 — Folie du jour. Vénus ou la prétendue comète. Jolie pièce ovale en largeur, gravée par Berthet. Très belle épreuve.

163 — La République, — La Victoire. Deux pièces en couleur, publiées chez Basset. Très belles épreuves, marges.

164 — Le Ministère Linotte, — Ainsi va le monde, — Grand Retour du ministère Linotte, etc. Quatre pièces. Très belles épreuves.

165 — Noyades de Carrier, à Nantes, — Prise d'armes aux Invalides dans la matinée du 14 juillet 1789, — Fusil-

lades de Lyon, commandées par Collot d'Herbois, — Soupers fraternels dans les sections de Paris. Quatre pièces, par Duplessis-Bertaux. Épreuves avant toutes lettres, à l'état d'eau-forte.

166 — 13 Vendémiaire. Attaque de saint-Roch, — Travaux du Champ-de-Mars, pour la fédération du 14 juillet 1790, Apothéose et translation de J.-J. Rousseau au Panthéon, — Incendie du corps de garde du Pont-Neuf, 1788. Quatre pièces, par Girardet. Épreuves avant toutes lettres, à l'état d'eau-forte.

167 — Vue du Champ-de-Mars, le 14 juillet 1790. A Paris, chez Berthault. Pièce in-fol en largeur, imprimée en bistre. Très belle épreuve.

PORTRAITS DE L'EMPIRE

CLASSÉS

PAR ORDRE ALPHABÉTIQUE DE NOMS DE PERSONNAGES

---

168 — A la gloire de **Napoléon,** pièce allégorique par David, — **Napoléon,** d'après une médaille, par Bourgeois, — Le Sacre de l'Empereur, gravé à l'eau-forte, par Queverdo, d'après Lafitte. Trois pièces.

169 — **Napoléon,** en empereur romain, par Massard. In-4. Épreuve avant la lettre, toute marge.

170 — **Nopoléon** et Charlemagne, en buste en regard sur une même feuille, — **Napoléon** et l'Impératrice Joséphine en médaillon, sur le titre des Cérémonies du sacre, — **Napoléon,** par Richomme, d'après Gérard. Deux épreuves, dont une avant toutes lettres non entièrement terminée. Quatre pièces.

171 — Passage du mont Saint-Bernard, par Géricault, — Convention après la bataille de Marengo, par Leroux, d'après Lejeune. Deux pièces. Épreuves avant la lettre.

172 — Arrivée de l'Empereur et de l'Impératrice au palais des Tuileries, le jour de la cérémonie de leur mariage, gravé par Lacour et Clochard, d'après Percier et Fontaine. Épreuve avant toutes lettres à l'état d'eau-forte, grande marge.

173 — **Napoléon** et l'Impératrice **Joséphine**. Cinq portraits différents, par Dutillois, Dien, Bourbier, Blanchard et Weber. In-8 et in-4. Très belles épreuves, dont quatre avant la lettre.

174 — **Joséphine** Tascher de Lapagerie, Impératrice des Français, par Levachez fils. In-4 en couleur. Superbe épreuve, grande marge.

PORTRAITS DE L'EMPIRE

175 — L'Impératrice **Joséphine**, dessin à la plume par Bernard. In-fol.

176 — **Napoléon** le grand, — **Marie-Louise**, Impératrice. Deux portraits in-8 en couleur faisant pendants, gravés par Levachez fils. Très belles épreuves. Le portrait de Marie-Louise est avant la lettre.

177 — **Marie-Louise**, impératrice, d'après Bosio, par Ribault. In-fol. Très belle épreuve avant la lettre, marge.

178 — **Marie-Louise**, impératrice des Français. Sept portraits différents, in-8 et in-4, par Dien, Pigeot, Prot, Desnoyers, Niquet et Armano. Très belles épreuves, dont deux avant la lettre.

179 — **Marie-Louise**, impératrice des Français, par Neidl, d'après Heckele. In-4 en bistre. Très belle épreuve.

180 — **Napoléon** (François-Charles-Joseph). Cinq portraits différents, in-8 et in-4, comme Roi de Rome ou Duc de Reichstadt, par Roger, Mecou, Fox, Pelée et Pourvoyeux. Très belles épreuves, dont deux avant la lettre.

181 — S. M. le Roi de Rome, par Desnoyers, d'après Gérard. In-4. Belle épreuve, toute marge.

182 — **Reithstadt** (le duc de). Trois portraits, dont un le représentant sur son lit de mort, par Theer, Benedetti, et Strober. In-fol. Très belles épreuves.

183 — **Murat** (le prince), gravé par Lignon, d'après Gérard. In-fol. en pied. Épreuve avant toutes lettres, à l'état d'eau-forte.

184 — **Murat** (Caroline), reine de Naples, — Le prince **Eugène**, — **Louis**, roi de Hollande, — **Hortense Beauharnais**, reine de Hollande, et son fils, — **Marie-Louise**, — Autre portrait de la reine **Hortense**, Le prince **Eugène**. Sept portraits in-8, par Flameng et autres. Très belles épreuves, dont six avant toutes lettres.

PORTRAITS DE L'EMPIRE

185 — Eugène **Napoléon,** vice roi d'Italie, par L. C. Ruotte. In-fol. en couleur. Très belle épreuve, marge.

186 — **Napoléon** à cheval (Affiche pour l'histoire de), par M. de Norvins, par Raffet. (G. 122). Très belle épreuve du premier état.

187 — **Napoléon** à cheval, 1807, — **Napoléon** à Waterloo, 1815. — Prise du fort Mulgrave, à Toulon, 1793. Trois pièces par Raffet. Belles épreuves.

188 — L'Empereur en campagne, — L'Empereur en habit de campagne, — Napoléon blessé devant Ratisbonne. Épreuve avant la lettre. Trois pièces, les deux premières par Charlet. Très belles épreuves.

189 — Costumes de grands dignitaires au sacre de l'Empereur. Trois pièces gravées par Pauquet, d'après Isabey et Percier. Très rares épreuves avant toutes lettres, à l'état d'eau-forte.

190 — **Napoléon** à Fontainebleau, par J. François, d'après Paul Delaroche, — **Napoléon,** la veille d'une bataille, par Marin-Lavigne, d'après Charlet. Deux pièces in-fol. Très belles épreuves.

191 — **Alfieri** (Vittorio), par Raphael Morghen, d'après Fabre, — Le même personnage, gravé par Toschi. Épreuve avant la lettre, sur chine. Deux portraits in-fol.

192 — **Auchard** (Madame), nourrice du roi de Rome. In-8. Très belle épreuve. Rare.

193 — **Bartholini** (L.), sculpteur, par Potrelle, d'après Ingres, — **Bassano** (le duc de), par Goutière, d'après Isabey. Deux épreuves avant la lettre, dont une à l'eau-forte, — **Beauharnois** (M. F. de), ambassadeur de France en Espagne. Quatre portraits in-8 et in-4. Très belles épreuves.

194 — **Bernardin de Saint-Pierre,** par Ribault, d'après Laffitte. In-4. Epreuve avant la lettre, toute marge.

PORTRAITS DE L'EMPIRE

195 — **Blanchard** (Mme), célèbre aéronaute, par Rados, — **Blucher** (G. L. Von), par Meyer, — **Bourdois** (L. J.), médecin, par Mecou, — **Bourdon** (M. A.), préfet de Gênes, par Piaggio. Quatre portraits in-8 et in-4. Belles épreuves.

196 — **Brun-Neergard,** par Caroline Naudet, — **Canova** (Antonio), par R. Morghen, — Le même personnage, par Fontana, — **Cessart** (Louis-Alexandre de), par B. Roger. Quatre portraits in-8 et in-4. Belles épreuves.

197 — **Brunswick** (Frédéric-Guillaume, duc de), par Meyer, d'après Zahn. In-fol. en manière noire. Très belle épreuve.

198 — **Charles-Louis** (archiduc d'Autriche), par Kohl, — **Chenard,** par Debucourt. Épreuve avant la lettre, — **Chérubini.** Trois portraits in-8 et in-4. Très belles épreuves.

199 — **Dessault** (P.-J.), gravé en couleur, par Gautier. In-4. Très belle épreuve, marge.

200 — **Devosge** (F.), par Corot, — **Duchatel** (le comte), et ses deux fils, par Quenedey, — **Ducis,** par Pradier. Epreuve avant toute lettre, à l'état d'eau-forte, — **Suard,** par Pradier, avant toutes lettres. Quatre portraits in-8 et in-4. Belles épreuves.

201 — **Fesch** (le cardinal), en costume de grand aumonier, — **Muraire,** président de la cour de cassation. Deux pièces pour le sacre. Epreuves avant toutes lettres, grandes marges.

202 — **Fouché** (J.), sénateur, par Monsaldy, — **Genlis** (Mme de), par Lignon. Epreuve avant toutes lettres, non terminée, — **Grétry,** par Simon. Epreuve avant la lettre, — **Gros** (le baron), peintre, par Boilly. Epreuve avant la lettre. Quatre portraits in-8 et in-4. Belles épreuves.

PORTRAITS DE L'EMPIRE

203 — **Godoï,** prince de la Paix, par Fosseyeux. In-fol. en pied. Très belle épreuve avant la lettre.

204 — **Gonsalvi** (le cardinal), par Lewis, d'après Lawrence, — **David** (Louis), par Potrelle, d'après Navez, — **Dubois** (Ant.), par Potrelle, d'après Gérard. Trois portraits in-fol. et in-4. Très belles épreuves.

205 — **Guillaume I**[er], roi des Pays-Bas, par Lignon, d'après Odevaere. In-fol. en pied. Très belle épreuve avant la lettre.

206 — **Lariboisière** (le comte de), et son fils, gravé par Henriquel-Dupont, d'après Gros. In-fol. Epreuve sur chine.

207 — **Haüy** (V.), par Debucourt, d'après Van-Gorp. In-4. Très belle épreuve avant la lettre.

208 — **Humboldt** (Alexandre de). Deux portraits différents, par Desnoyers et Forster, — **Jomini** (le général), par Roger, — **Junot,** duc d'Abrantès, — **Jurine** (Louis), par Pradier. Cinq portraits in-8 et in-4. Belles épreuves.

209 — **Laplace** (P.-S.), par Goutière, — **Las-Case** (le comte de), par Muller, — Labédoyère, le maréchal Ney et le comte de Lavalette, dans un même médaillon. Trois portraits in-8 et in-4. Belles épreuves.

210 — **Lavalette** (Madame de), petit buste de forme ovale, gravé par G. M. B. 1816. Très rare.

211 — **Lepère** (J.-B.), par Galimard, d'après Ingres, — **Duroc,** par Bock, — **Dussek** (J.-L.), par Godefroy, — **Forlanze** (J.-M.), chirurgien-oculiste. Gravé en couleur par Gautier. Quatre portraits in-8 et in-4. Très belles épreuves.

212 — **Malet** (le général), par Joly, — **Martini,** par Bourgeois de la Richardière, — **Monge,** par Tavernier. Épreuve avant toutes lettres, — **Ney** (le Maréchal).

PORTRAITS DE L'EMPIRE

Deux portraits différents, par Tardieu et Martinet. Cinq portraits in-8 et in-4. Très belles épreuves.

213 — **Moncey** à la barrière Clichy, par Bovinet, d'après Vernet. Epreuve avant la lettre.

214 — **Niepperg** (le comte de), par Toschi. — **Ozanne** (P.), ingénieur de la marine, par Coiny, — **Michallon**, par Coiny, — **Paris** (P.), architecte, par Richomme, — **Péron** (François), par Lambert. Cinq portraits in-8 et in-4. Très belles épreuves.

215 — **Pie VII,** Souverain-Pontife. Trois portraits différents, par Boissieu et Courbe. Belles épreuves.

216 — **Portalis** (J.-M.-E.), par Dissart, — **Poniatowski,** par F. John. Epreuve avant la lettre, — **Prusse** (Louise-Auguste-Wilhelmine-Amalie, reine de), par Krethlow. Trois portraits in-8 et in-4. Très belles épreuves.

217 — **Radziwil** (Ant.-H.), par Weiss, — **Reden** (le comte de), par H. Meyer, — **Rostopschin**, gouverneur de Moscou, par Reinhold. Trois portraits in-8 et in-4. Très belles épreuves.

218 — **Réunion** d'hommes célèbres chez la princesse de Salm, 1802. Gravé par Roger. In-4 en largeur. Très belle épreuve.

219 — **Ségur** (le comte de), par Dien. Epreuve avant la lettre, — **Siméon** (le comte), par Desnoyers, — **Spontini,** par Bourgeois de la Richardière. Epreuve avant la lettre. Trois portraits in-8 et in-4. Très belles épreuves.

220 — **Staël** (Mme de), par Laugier. Epreuve avant la lettre, — **Suchet** (duc d'Albufera), par Lignon. Epreuve avant la lettre, — **Viotti** (J.-B.), par Lambert, — **Wellington** (le duc de), par Ed. Mac Innes. Quatre portraits in-8 et in-4. Très belles épreuves.

PORTRAITS DE L'EMPIRE

221 — **Talleyrand-Périgord** (Charles-Maurice de), par J.-B. Chapuy, d'après Prud'hon. In-4. Très belle épreuve, grande marge.

222 — **Talma**, par Lignon. Epreuve à l'état d'eau-forte, avant toutes lettres, grande marge.

PORTRAITS ANGLAIS

CLASSÉS

PAR LETTRE ALPHABÉTIQUE DE NOMS DE PERSONNAGES

---

223 — **Adam** (William), gravé par S. W. Reynolds, d'après John Opie. Gr. in-fol. en pied. Superbe épreuve avec le titre en lettres tracées, marge.

224 — **Amherst** (Sir Jeffery), d'après Reynolds. In-fol. en couleur. Belle épreuve.

225 — **Arundel** (Thomas Howard, comte d'), par Sharp, d'après Van Dyck. In-fol. Très belle épreuve sur chine.

226 — **Ashburton** (lord), gravé par Bartolozzi, d'après Reynolds. In-fol. Superbe épreuve avant la lettre, lettres tracées.

227 — **Asperne** (James), libraire, gravé par Blood, d'après Drummond, — The **Baring** family, par Ed. Innes, d'après Lawrence, — **Bellini** (Signor Lenari), dans le rôle de Figaro, gravé par Taylor, d'après Chalon. Trois portraits in-4 et in-fol. Très belles épreuves.

228 — **Billington** (Mrs) in the character of Ste Cecilia, gravé par Cardon, d'après Reynolds. In-8. Très belle épreuve.

229 — **Blessington** (the countess of), — **Calmdy** (les Enfants), gravés sous le titre de: Nature. Deux pièces in-4. Gravées par L. Cousins, d'après Lawrence. Belles épreuves.

230 — **Bryan** (Mrs), and Children, gravé par Nutter, d'après Shelley. In-4. Très belle épreuve.

231 — **Burke** (Richard), gravé par J. W. Ward, d'après Reynolds. In-fol. Superbe épreuve, avec marge.

232 — **Campbell** (lady Mary), gravé par J. M. Ardell, d'après Ramsay. In-fol. en pied. Superbe épreuve.

PORTRAITS ANGLAIS

233 — **Carter** (Mrs), — **Chicheley** (Mrs Sarah). Deux portraits in-4. Gravés par J. Smith, d'après Kneller. Très belles épreuves.

234 — **Chatam** (Earl of), — **Cipriani** (G.-B), par Earlom, d'après Rigaud. Deux portraits in-8. Belles épreuves.

235 — **Cholmondley** (Mrs), gravé par Corbutt, d'après Reynolds. In-fol. Très belle épreuve, marge.

236 — **Cobham** (Richard lord), — **Copley** (Mrs Eleonor). Deux portraits in-fol. gravés par Simon et Smith, d'après Kneller. Très belles épreuves.

237 — **Cockerell** (S.-P.), architecte, — **Opie** (John), peintre, — **Smirke** (Robert), — **Stevens** (George), — **Stothard** (Thomas). Cinq portraits in-fol,, par Daniell. Très belles épreuves.

238 — **Cumberland** (Richard), — **Beechey** (Sir William.), — **Stothard** (Thomas). Trois portraits in-fol. gravés par Scriven, Cooper et Meyer. Très belles épreuves.

239 — **Damer** (miss). Gravé par L. Schavionetti, d'après R. Cosway. In-8 en couleur. Très belle épreuve. Rare.

240 — **Demont** (Louisa). Sketched by A Wivell in the House of Lords, gravé par Wright. In-8. Très belle épreuve. Rare.

241 — **Derby** — (The Earl of), gravé par G. Keating, d'après Gainsborough, 1785. In-fol. en couleur. Très belle épreuve.

242 — **Dibdin** (T.-F.), gravé par J. Thomson, — **Dudley C. Stuart** (lord), gravé par Oleszczenski. Deux portraits in-8 et in-4. Belles épreuves.

243 — **Dyke-Acland** (Sir Thomas), gravé par S. W. Reynolds, d'après Oven. Gr. in-fol. en pied. Très belle épreuve avant la lettre à l'état d'eau-forte.

244 — **Exeter** (lord Burleigh, Earl of), gravé par Thompson, d'après P. Lely. In-fol. Très belle épreuve.

PORTRAITS ANGLAIS

245 — **Farren** (miss), comtesse de Derby, gravé par Godefroy. Epreuve avant la lettre, — **Fitz Patrick** (lady Gertrude), — **Flaxman** (J.), par Humphrey. Trois portraits in-8. Très belles épreuves.

246 — **Fokke** (Simon), gravé par J. Greenwood, d'après Buys. In-fol. Très belle épreuve avant la lettre.

247 — **Fox** (Henry). Secretary of State, par J. M, Ardell, d'après Liotard. In-fol. Très belle épreuve.

248 — **Georges II**, roi d'Angleterre, gravé par Houston, d'après Wordlige. In-fol. Superbe épreuve avant toutes lettres.

249 — **Georges III,** roi d'Angleterre, d'après une médaille, gravé par Bartolozzi, d'après Cipriani, — **Georges,** prince of Wales, Régent. 1813, gravé par Cardon. Deux portraits in-8 et in-4. Très belles épreuves.

250 — **Gibbons** (Mr Grintin), — **Glocester** (William duke of). Deux portraits in-fol. gravés par J. Smith, d'après Kneller. Très belles épreuves.

251 — **Granby** (John Manners, marquis de), gravé par J. Watson, d'après Reynolds. Gr. in-fol. en pied. Superbe épreuve.

252 — **Grant** (sir William), par H. Meyer, d'après Harlow, — **Grisi** (Giulia), gravé par Lewis. Deux portraits in-fol. Belles épreuves.

253 — **Guillaume III,** roi d'Angleterre, par Smith, d'après Kneller, — **Heathfield** (George,-Augustus-Elliot, lord), gravé par Bartolozzi, d'après Poggi, Deux portraits in-fol. et in-4. Très belles épreuves.

254 — **Hilligsberg** (Mme) in the Ballet of Kensi et Tao, gravé par Condé, d'après Janvry. In-4 en couleur. Très belle épreuve, marge.

PORTRAITS ANGLAIS

255 — **Howley** (W.). Lord bishop of London, par Hall, — **Jones** (sir William), par Evans, — **Kent** (the duchess of). par Bacon. Trois portraits in-4. Belles épreuves.

256 — **Kynnesman** (Anna F.), — **Lelly** (Petrus). Deux portraits in-fol. gravés par Smith, d'après Schalken et P. Lelly. Très belles épreuves.

257 — **Lambton** (Master), — **Leicester** (lady), gravé sous le titre de : *The Dew branch*. Deux portraits in-fol. gravés par Phillips et Innes, d'après Lawrence. Très belles épreuves avant la lettre.

258 — **Léopold** (le prince) de Saxe-Cobourg, par C. Lewis, d'après Lawrence, — **Liverpool** (the Earl of), par C. Turner, — **Lyndhunst** (lady), par Cousins, d'après Lawrence, avant la lettre. Trois portraits in-fol. et in-4. Très belles épreuves.

259 — **Mainauduc** (J.-B. de), par Condé, d'après R. Cosway, — **Malibran** (Mme), par Turner. Epreuve avant toutes lettres. Deux portraits in-4. Très belles épreuves.

260 — **Marie,** reine d'Angleterre, gravé par J. Smith, d'après Kneller. In-fol. Très belle épreuve.

261 **Millais,** — **Moore**, gravés par Pilotell, — **Miles** (M. Richard), gravé par Worthington. Trois portraits in-8, Belles épreuves.

262 — **Murray** (miss), par Philipps, d'après Lawrence. Avant la lettre, — **Orléans** (princesse Marie d'), gravé par Maile. Avant la lettre, — **Paton** (miss Isabella), par Storm, — **Peel** (sir Robert), par Payne, d'après Francis. Quatre portraits in-4 et in-fol. Très belles épreuves.

263 — **Newton** (Th.), évêque de Bristol, gravé par Th. Watson, d'après sir J. Reynolds. In-fol. Superbe épreuve avant la lettre, grande marge.

264 — **Peel** (lady), par Giller, d'après Lawrence, — **Pitt** (W.). In-fol. en manière noire. Deux portraits. Très belles épreuves avant la lettre.

PORTRAITS ANGLAIS

265 — **Raglan** (lord), gravé par Burgess, d'après Morton, — **Rochford** (countess of), par Smith, d'après d'Agar. Deux portraits in-fol. Très belles épreuves.

266 — **Rubens,** sa femme et son enfant, gravé par Mc Ardell, d'après Rubens. In-fol. en pied. Superbe épreuve avant toutes lettres, marges.

267 — **Rubens** (lady). With her son Albert, par Maria Cosway, d'après Rubens. — The Chapeau de paille, par S. W. Reynolds. Deux pièces. Belles épreuves.

268 — **Russell** (lord), par Lewis, — **Russie** (Catherine-Pawlowna, grande duchesse de), par Cheesman, — **Saint-Asaph** (Charlotte, viscountess), par Cooper, d'après Hopner. Trois portraits. Belles épreuves.

269 — **Schalcken** (G.), gravé par Smith, d'après lui-même, — **Selwyn** (Mrs), par Heath, — **Southey** (R.). Trois portraits in-fol. et in-4. Belles épreuves.

270 — **Spencer** (lady Georgiana, vicountess) et sa fille, par S. Paul, d'après Reynolds, — **Stanhope** (lady), — **Steele** (Richard), par Smith, d'après Richardson. Trois portraits in-fol. Très belles épreuves.

271 — **Sturt** (Miss), and Master Humfrey Sturt, gravé par J. Watson, d'après C. Read, 1771. In-fol. Superbe épreuve.

272 — **Sutherland** (The Duchess of), par Phillips, d'après Lawrence. Epreuve avant la lettre, — **Tayadanega** (Joseph), Called the Brant, gravé par J. Smith, d'après Romney. Deux portraits in-4 et in-fol. Très belles épreuves.

273 — **Tarleton** (lieutenant-colonel), gravé par J. R. Smith, d'après Reynolds. In-fol. en pied. Très belle épreuve, en couleur.

274 — **Trail** (James), par Cardon, d'après Edridge, — **Trimmer** (Mrs Sarah), par Scriver, — **Sheridan** (Richard

Brinsley), par Scriver, d'après Reynolds, — **Waren-Hastings,** par Freeman. Quatre portraits in-4 et in-fol. Très belles épreuves.

275 — **Valpy** (Martha), par Mackenzie, — **Victoria**, reine d'Angleterre, par Lewis, — **Vieuville** (le marquis de), par Cooper. Epreuve avant la lettre. Trois portraits in-8 et in-fol. Très belles épreuves.

276 — **Villiers** (Clémentine), par Artlett, d'après Winterhalter, — **West** (Benjamin), par Heath, d'après Newton, — Le même personnage, par H. Meyer, d'après Lawrence, — **Wilton** (the counstess of), par Phillipps, d'après Lawrence. Epreuve avant la lettre. Quatre portraits in-4 et in-fol. Très belles épreuves.

277 — **Wilkie** (sir David), par Holl, — **Reynolds** (sir J.), par Hunt et un autre par Cochran, d'après lui-même, — **Turner** (J. M. W.), par Holl. Quatre portraits in-8 et in-4. Belles épreuves.

278 — La Bataille de la Hogue, par Woollett, d'après B. West. Très belle épreuve.

279 — Mort du général Wolff, gravé par Woollett, d'après B. West. Belle épreuve.

280 — Le Jugement de lady Russell, composé et gravé par Hayter. In-fol. en largeur. Très belle épreuve de remarque, avec croquis dans la marge à droite.

281 — Les Principaux compositeurs de musique, représentés en médaillons sur une grande planche in-fol. en hauteur, gravé par Landseer, d'après Loutherbourg. Très belle épreuve.

PORTRAITS MODERNES

CLASSÉS

PAR ORDRE ALPHABÉTIQUE DE NOMS DE GRAVEURS

ABBÉMA (LOUISE)

282 — **Duran** (Carolus), — **Henner,** — **Garnier,** architecte de l'Opéra. Trois portraits in-8. Epreuves d'artiste.

ABOT ET **ALASSONIÈRE**

283 — **Dabelly** (Mme), cantatrice, — **Uzanne** (Octave), — **Metteau,** — **Delacroix** (Eugène). Quatre portraits in-8. Epreuves d'artiste.

AMSLER, ANNEDOUCHE ET AUBRY-LECOMTE

284 — **Brovetti** (Bernardin), d'après Alexandri, — **Duplessis-Bertaux.** Epreuve avant la lettre, — **Potocka** (la comtesse), d'après Mlle Danse. Trois portraits in-8 et in-4. Belles épreuves.

AUDIBRAN, BALLIN ET **BEIN**

285 — **Audibran,** graveur, — **Morny** (le duc de), — **Constantin** (le grand duc), — **Baltard,** architecte, — **Michel-Ange.** Cinq portraits in-8 et in-4. Les quatre derniers en épreuves d'artiste avant toutes lettres.

BEIN, BERTINOT ET **BERTONNIER**

286 — **Masséna** à la bataille de Zurich, d'après Bouchot. Epreuve à l'état d'eau-forte, — **Favre** (Jules), d'après Ch. Lefebvre. Epreuve d'artiste, avec dédicace, — **Fumel** (Henriette Anne de), d'après Louise Mauduit. Epreuve avant la lettre, sur chine. Trois pièces.

BELLANGÉ, BELLEUVRE ET **BENOIST**

287 — **Lacombe** (le colonel de), — **Boulanger** (le général), — **Floquet** (Ch.), — **Imbert,** musicien. Quatre portraits in-8. Epreuves d'artiste.

BERGERET, BIDA ET BLANCHARD

288 — **Bergeret,** par lui-même, — **Sarto** (Andrea del), — **Leygue** (Eug.), — **Goëthe,** — **Schiller.** Cinq portraits in-8 et in-4, dont quatre en épreuves d'artiste, avant la lettre.

BERTINOT, BERTONNIER ET BETTELINI

289 — **Brascassat,** d'après lui-même, — **Marie-Christine,** reine d'Espagne, d'après Winterhalter, — **Legris** (l'abbé), — **Sommariva** (le comte de), d'après Vicar. Quatre portraits in-8 et in-4. Très belles épreuves, les quatre dernières avant la lettre.

BICART, BIOT ET CALAMETTA

290 — **Chardin** (J.-B.-S.), d'après lui-même, — **Porbus,** d'après lui-même, — Portrait d'homme. Trois portraits in-8 et in-4. Belles épreuves; les deux derniers sont avant la lettre.

BICHARD (Géry)

291 — **Dollinger** (le chanoine), d'après Lenbach. In-fol. Deux très belles épreuves avant la lettre, dont une à l'état d'eau-forte.

BLANCHART, BOCOURT ET CARON

292 — **Nopoléon III,** d'après L. Muller. Epreuve avant la lettre, — **Millet** (Jean-François), — **Orléans** (la famille du duc d'), d'après R. Cosway. Epreuve avant toutes lettres. Trois pièces. Très belles épreuves.

BOCOURT, BODIN ET BOILLY

293 — **Courbet,** d'après lui-même, — **Gautier** (Théophile), — **Gros,** d'après lui-même. Trois portraits in-8 et in-4, dont deux avant la lettre.

BOILVIN ET BOULANGER

294 — **Marie-Antoinette** et ses enfants, d'après Verstock. Epreuve d'artiste sur chine, — **Popelin** (Claudius). Deux portraits in-4.

BOULARD FILS

295 — **Adam** (Mme Ed.), — **Béguin** (Victor), — **Daumier** (Henri), — **Dupré** (Jules), — **Greffülhe** (Mlle). Cinq portraits in-8 et in-4. Epreuves d'artiste.

BOUQUET ET BOURGEOIS DE LA RICHARDIÈRE

296 — **Janin** (Jules), — **Cavaignac, Guinard** et **Trélat**, sur une même feuille, — **Barré, Desfontaines** et **Radet,** sur une même planche, d'après Vincent. Trois pièces in-4. Belles épreuves.

BOUVIER, BREVIÈRE ET BRY

297 — **Stael-Holstein** (la baronne de), — **Langlois** (E.-H.), du Pont-de-l'Arche, — **Raffet,** — **Saisseval** (Mme de), par Butavand, d'après Lafon. Quatre portraits in-4 et in-8. Très belles épreuves,

BURNEY

298 — **Caverot** (Mgr), — **Dumas** (Alexandre). fils, — **Gautier** (Th.), — **Guibert** (Mgr), — **Innocent X,** pape. Cinq Portraits in-8 et in-4, en épreuves d'artiste. Le portrait de Th. Gautier est double, à l'état d'eau-forte. Six pièces.

CALAMATTA (L.)

299 — **Asiz** (don François), mari d'Isabelle II, — **Léopold Ier**, roi des Belges. Epreuve avant la lettre, sur chine. Deux portraits in-fol. Très belles épreuves.

300 — **Molé** (le comte), d'après Ingres. Epreuve avant la lettre, — **Guizot** (F.), d'après Paul Delaroche. Deux portraits in-fol. Très belles épreuves, sur chine.

301 — **Raoul-Rochette,** — **Giannone** (P.), poète. Deux portraits in-4. Belles épreuves.

CALAMATTA ET CATTELIN

302 — **Raoul-Rochette,** — **Monnin,** graveur, — **Talluet** sculpteur, — **Budaille** (Th.), — **Lapointe** (Savivien), **Ponsard** (R.). Six portraits in-8 et in-4. Très belles épreuves.

CARRED, CHAPLIN ET CHENAY

303 — **Maurel,** chanteur à l'Opéra, — Jeune femme tenant un enfant, — **De Tracy,** député. Trois portraits. Epreuves d'artiste avant la lettre et eau-forte.

CERONI

304 — **Baudot,** fondateur de la Société de Saint-Vincent-de-Paul, — Portrait d'homme. Deux portraits in-4. Epreuves d'artiste, sur chine.

305 — Les Amours de Louis XV : Marie **Leczinska,** — Mme de **Chateauroux,** — Mme de **Vintimille,** — Mme de **Mailly,** — Mme de **Pompadour,** — Mme **Du Barry**. Suite de six pièces. Epreuves d'artiste, sur chine. Exemplaire n° 40.

CHABANNES ET CHAPLIN

306 — **Robert-Duménil,** — **Célestin-Nanteuil,** — **Ziem,** — La femme de **Rubens,** d'après Rubens. Quatre portraits in-4. Le portrait de Célestin Nanteuil est épreuve d'artiste, sur chine.

CHAMPOLLION

307 — **Champollion-Figeac.** Epreuve d'artiste, sur japon, — **Champollion** le jeune. Epreuve d'artiste, — Le Printemps (Mlle Baretta), — L'Été (Mme J. Samary), — M. de **Julienne,** d'après Watteau. Epreuve d'artiste. Cinq portraits in-4. Très belles épreuves.

CHAZAL ET CHENAY

308 — **Lafare** (le cardinal de). Deux épreuves d'artiste, dont une à l'eau-forte, — **Blanche** (le docteur). Deux épreuves d'artiste, dont une à l'eau-forte, — **Hugo** (Victor). Deux portraits différents, — **Hugo** (Mme Victor). Sept portraits in-8. Très belles épreuves avant la lettre.

CHENAY (Paul)

309 — **Rubens** (P.-P.), — **Médicis** (Marie de). Deux portraits en fac-similé, d'après les dessins de Rubens. Belles épreuves.

CHEVRON et COINY

310 — **Besson** (le P. Hyacinthe), dominicain, — **Dante,** d'après Raphaël, — **Ozanne** (Pierre), ingénieur de la marine, — **Visconti,** architecte. Quatre portraits in-4. Epreuves d'artiste, dont trois sur chine.

CLÉMENT (A.)

311 — Réunion d'artistes, d'après Boilly. Très belle épreuve avec le trait explicatif, toute marge.

COLAS et COLIN

312 — **Colas,** peintre, et Pierre Lemièrre, sur une même planche. Deux épreuves d'artiste, dont une d'essai, — **Clauzel de Montals,** évêque de Chartres. Trois pièces in-4 et in-8.

COURTRY (Ch.)

313 — Portrait de femme, d'après F. Hals. Très rare épreuve avant toutes lettres, à l'état d'eau-forte pure, plus une épreuve avec la lettre. Deux pièces.

314 — Ecce hæreditas domini. Six portraits sur une même planche, d'après Van Dick, — **Fel** (Mlle), actrice. Deux pièces in-4 et in-8. Epreuves d'artiste.

COURTRY, DANGUIN et DEQUEVAUVILLER

315 — **Broca** (le docteur). Epreuve d'artiste, sur japon, — **Reyre** (Vincent), doyen des présidents de chambre de la cour royale de Lyon, d'après Blanchard, — **Aigrefeuille** (F.-J.-J.-H. d'), d'après Rigaud, — **Bousset** (le cardinal de), d'après Labby. Quatre portraits in-4 et in-fol. Très belles épreuves.

CUCINOTTA

316 — **Regnault** (Henri), — Taiée (Mlle), — Portrait de jeune femme. Trois pièces in-8, dont deux avant la lettre.

DAMMAN

317 — **Carrier-Belleuse,** sculpteur, — **Lubbock** (John), — Portrait d'un architecte, d'après Bourdon. Trois portraits in-4 et in-8 en épreuves d'artiste. Deux sont doubles, à l'eau-forte pure.

DANGUIN, DANSE ET DANTAN

318 — **Demanche** (Mlle), de Lyon, — **La Tour du Pin** (marquise de), — Charge de **Dumas,** — Charge de **Hugo.** Quatre pièces in-8 et in-4, les deux premières en épreuves d'artiste.

DEBUCOURT (P.-L.)

319 — **Louis XVIII,** d'après Isabey. In-fol. Superbe épreuve, marge.

DEFREY ET DELANGLE

320 — **Dubois** (le docteur), — **Hauterive** (le comte d'), diplomate, — **Brederode** (G.-A.), — **Trevisianti** (le cardinal). Quatre portraits in-8 et in-4. Très belles épreuves, dont deux avant la lettre.

DELANNOY ET DELDUC

321 — **Malte-Brun,** — **Philippon.** Épreuve à l'eau-forte pure, — **Frédéric II,** roi de Prusse, — **Shakespeare** — **Courtois** (M.). Cinq portraits in-8 et in-4. Très belles épreuves d'artiste, avant la lettre.

DELGORGUE

322 — **Sévigné** (Marie de Rabutin-Chantal, marquise de), d'après Nanteuil. In-fol. Très belle épreuve.

DENON (LE BARON)

323 — La famille **Aubourg,** — **Zani** (l'abbé), — La Peinture, — Casaciello, — Une Bacchante, — Un Peintre. Six pièces in-8 et in-4. Belles épreuves.

DESBOUTINS

324 — Madame Desboutins et ses enfants. Très belle épreuve.

325 — **Courbet,** — **Labiche,** — **Pie IX,** — **Caron,** — Mlle **Beaugrand.** Cinq portraits in-8. Très belles épreuves, dont trois en épreuves d'artiste.

DESCAVES (Alph.)

326 — **Coquelin** cadet, — **Nilson** (Mme Christine), — **Ohnet** (G.), — **Mouton** (E.), homme de lettres. Quatre portraits in-8 et in-4, en épreuves d'artiste.

DESMADRYL et DESMAISONS

327 — **Janin** (Jules), d'après Champmartin, — George **Sand.** Épreuve avant la lettre, — **Robert** (L.). Trois portraits in-4. Très belles épreuves.

DESVACHEZ

328 — **Crauk,** sculpteur, — **Duquemoy** (François), d'après Van Dyck. Epreuve avant la lettre. Deux portraits in-8 et in-4.

DEVEAUX

329 — **Bonnefond,** peintre, d'après Boulanger, — **Flandrin** (Hippolyte), d'après lui-même, — Portrait d'un gentilhomme, d'après Bronzino. Trois portraits in-8 et in-fol. Belles épreuves.

DEVEAUX, DOO, FALMAGNE et FONTANA

330 — **Lebas** (Hippolyte), d'après Cabanel, — **Cuvier** (B.-G.), d'après Peckersgill. — **Grétry,** d'après Mme Vigée-Lebrun. Epreuve avant la lettre, sur chine, — **Pie VII,** en prière, d'après Canova. Quatre portraits in-4 et in-fol. Très belles épreuves.

DEVÉRIA (A.)

331 — La Reine **Isabelle** en prière, — Dona **Maria** de Portugal, — **Desmaisons,** artiste lithographe, — **Noblet** (Mlle) artiste dramatique, — Elisa **Mercœur.** Cinq portraits in-4. Très belles épreuves.

DIEN (M.)

332 — **Bade** (le grand duc de), — **Catalini** (Madame), d'après Singry, — **Besenval** (le baron de), — **Bonaparte,** d'après Faure, — **Mulard**, peintre d'histoire, — **Pie VII** et les cardinaux Consaldi et Pacca, — **Richomme,** graveur, — **Malherbe**, — Portrait de femme. Neuf portraits in-4 et in-8. Très belles épreuves avant la lettre, plus quatre doubles à l'état d'eau-forte.

DIVERS

333 — **Darboy** (Mgr), archevêque de Paris, — **Lacordaire** (le père), — **Lafitte** (Jacques), — **Montalivet.** Quatre portraits in-4 et in-fol. en épreuves d'artiste, avant la lettre et eaux-fortes.

334 — **Murillo,** d'après lui-même, — **Masaccio,** — Jeune homme tenant une tête de mort. Trois portraits in-fol. avant la lettre.

DUBOUCHET

335 — **Daudet** (A.), — Les Poètes Dauphinois, — **Michelet,** — **Musset** (Paul de), — **Regnault de Saint-Jean-d'Angely** (Madame), d'après Gérard. Cinq portraits in-8 et in-4 en épreuves d'artiste, dont un double à l'état d'eau-forte. Six pièces.

DUBOUCHET, FORSTER ET LEISNIER

336 — **Michel-Ange,** d'après lui-même, — Épreuve d'artiste sur chine, — **Sanzio** (Raphaël), d'après lui-même, — **Raimondi** (Marc-Antoine), d'après Raphaël. Épreuve avant la lettre. Trois portraits in-fol. Belles épreuves.

DUEZ, DUNCAN ET DUFOURMANTELLE

337 — **Foulon** (le cardinal). Épreuve d'artiste, — **Czartoryski** (le prince), — Homme d'armes, d'après Meissonnier. Trois pièces in-8 et in-4. Très belles épreuves.

DUTILLOIS (A.)

338 — **Bérenger,** d'après Scheffer. In-4, superbe et rare épreuve avant la lettre, sur chine, toute marge.

EYCHENS ET FANTIN-LATOUR

339 — **Eychens,** graveur. Épreuve d'artiste non entièrement terminée, — M. et Mme **Edwin Edwards**. Deux portraits in-4. Très belles épreuves.

FAUCHERY, FECHENER ET FERRERI

340 — **Herz** (Henri), improvisant sur le piano, d'après Deveria. Épreuve avant la lettre, — **Voltaire** (frontispice), à l'état d'eau-forte, — **Wieck** (Marie), — **Savoie** (le prince Charles-Thomas de), à cheval, d'après Van Dyck, Épreuve avant la lettre, quatre portraits in-4 et in-fol. Très belles épreuves.

FEUCHÈRE, FINDER ET FISHER

341 — **Deveria** (Eugène), — **Wats** (James), — **Esterhazi** (le prince). Trois portraits in-4, le premier est avant la lettre. Très belles épreuves.

FLAMEL (E.)

342 — **Goyon** (le général, comte de), d'après Tissier. Épreuve d'artiste, — **Pigeot,** graveur. Deux portraits in-4. Belles épreuves.

FLAMENG (L.)

343 — **Adam** (Madame Ed.), à l'état d'eau-forte pure, — **Chevigné** (le comte de), — **Stern** (Daniel), avant la lettre et eau-forte, — **Saskia,** femme de Rembrandt, — Portrait de femme d'après Drouais. Épreuve d'artiste, — Portrait de femme tenant un chien, d'après Drouais. Épreuve d'artiste, — Portrait d'homme, dit : Le Doreur, d'après Rembrandt. Huit portraits in-8 et in-4. Très belles épreuves.

FOLO, FONTAINE ET FORSTER

344 — **Pie VII**, pape, — **Caresme,** — **Desaugiers,** **Louis XVII,** d'après Augustin. Quatre portraits in-8 et in-4. Très belles épreuves, les trois premiers avant la lettre.

FORSTER (F.)

345 — **Laboullaye** (Madame de). Épreuves d'artiste et eau-forte, — **Henri IV,** d'après Lancrenon. Deux épreuves, dont une à l'eau-forte, — **Rabelais,** d'après Deveria. Deux épreuves d'artiste, dont une à l'eau-forte. Six pièces. Très belles épreuves.

FORSTER, FRANÇOIS, GAILLARD ET GAVARNI

346 — **Marmont,** maréchal de France, d'après Muneret, — **Vitet** (Louis), de l'institut, d'après L. Roux, — **Zvenigorodskoï,** conseiller d'Etat Russe. Epreuve d'essai, — **Gavarni,** par lui-même. Quatre portraits in-4 et in-fol. Très belles épreuves.

FOURNIER (Mme)

347. — **Cuvier** (Georges, 1er état, — **Würtz** (Jean-Godefroy). Deux portraits in-8. Très belles épreuves.

FRANÇOIS (J. et ALPH.)

348 — Le duc d'Angoulême au Trocadéro, d'après Delaroche, — **Barre** (J.-J.), d'après Delaroche, — **Fénelon,** — **Héloïse,** — **Guilain** (Simon), — **Nocret** le père. Six portraits in-8 et in-4 en épreuves d'artiste avec dédicaces.

349 — **Condé** (Louis de Bourbon, prince de), — **Condé** (Henri II de Bourbon, prince de), — **Condé** (Louis Ier de Bourbon, prince de). Trois portraits in-8 pour l'histoire des princes de Condé, par le duc d'Aumale. Epreuves sur chine.

FRANÇOIS, GAUJEAN ET GIGOUX

350 — Le **Titien,** d'après lui-même, — **Rio** (Louis del), maître des requêtes au conseil privé du Brabant, en 1578, et ses fils, d'après Antonio Moro, — **Bourbon** (Charles, duc de), connétable de France, — **Bourbonnays** (Madame Anne de France, duchesse de). Quatre portraits in-4 et in-fol. Belles épreuves.

GAILLARD (F.)

351 — **Mellun** (le comte de). Deux épreuves avant la lettre, dont une d'essai à l'eau-forte, signées, — **Lafont**, comte romain. Deux épreuves avant la lettre, dont une d'essai à l'eau-forte. Quatre pièces.

352 — Apparition du Christ à Mgr de **Mérode**. Épreuve d'artiste, — **Bouvier** (Mgr), évêque du Mans. Epreuve d'artiste, — L'Homme à l'œillet, d'après Van Dyck, — Saint Sébastien. Quatre pièces. Très belles épreuves dont trois sur chine.

GARAVAGLIA ET GARNIER

353 — **Sommariva** (J.-B.), d'après Longhi, — **Charles X.** Epreuve avant toutes lettres. Deux portraits in-8 et in-fol.

GAUCHEREL (L.)

354 — **Garnier**, architecte de l'Opéra, — **Coquelin** aîné, — **Reynaud** (J.), inspecteur des ponts et chaussées, — **Verrue** (la comtesse de). Quatre portraits in-8. Epreuves d'artiste.

GAUJEAN

355 — **Vigny** (Alfred de), — Portrait d'homme, — **Contades** (le comte de), — **Gardiner**, évêque de Winchester, d'après Holbein. Quatre portraits in-8 et in-4 en épreuves d'artiste. Le portait de de Vigny est double à l'état d'eau-forte. Cinq pièces.

GAVARNI

356 — **Napoléon** (le prince Jérôme), — **Debelleyme**, — **Decamps**, — **Isabey**, — **Musset** (Alfred de), — **Sauvage** (Frédéric). Six portraits in-fol. Très belles épreuves.

GEFFROY (d'après)

357 — Le Foyer de la Comédie Française. Epreuve d'artiste à l'état d'eau-forte.

GEOFFROY, GERLE ET GIRARD

358 — **Lebrun** (Mme Vigée), d'après elle-même. Epreuve avant la lettre, — **Grétry**, d'après Isabey. Epreuve à l'état d'eau-forte, — **Monmerqué** (L.-J.-M. de), — **Lamartine** (A. de). Epreuve avant la lettre, non terminée. Quatre portraits in-8 et in-4. Très belles épreuves.

GÉRARD (d'après)

359 — **Gérard** (le baron), jeune et plus âgé, gravé par Girard, — **Gérard** (Mme), mère du peintre, gravé par Bazin, — Les deux frères Gerard, par Bazin, — **Bazin**, peintre. Cinq portraits in-8. Très belles épreuves avant la lettre.

GILBERT (A.)

360 — **Fromentin**. Epreuve à l'état d'eau-forte, — **Millevoye**, d'après Prud'hon, — La Famille de Carle **Vanloo**, d'après lui-même. Eau-forte et épreuve terminée, — **Fédé** (Dominica), femme d'André del Sarto, — Portrait d'homme d'après Van Dyck. Six portraits in-8 et in-4. Très belles épreuves d'artiste, avant la lettre.

GIRARD (F.)

361 — Portrait de femme, vue de profil, d'après Paul Delaroche, — **Delecluze**, d'après Bénouville, — **Récamier** (Mme), d'après Gérard, — **Villemain**, d'après Scheffer. Epreuve avant la lettre. Quatre portraits in-fol. Très belles épreuves.

GIRARD ET GIRAUD

362 — **Sanzio** (Raphaël), d'après lui-même, — **Richardot** (Jean) et son fils, d'après Rubens. Deux portraits in-4. Très belles épreuves, avant la lettre.

GIRARDET ET GONZENBACH

363 — Paul **Girardet** dans son atelier, — **Listz**, d'après Kaulbach. Deux portraits. Très belles épreuves. Le premier est avant la lettre.

GOUTIÈRE (T.)

364 — **Louis XVIII**, — **Dupin**, — **Garnier-Pagès**, — **Goëthe**, — **Liais** (Mme), femme du maire de Cherbourg, — **Michon** (le docteur), — **Musset** (Alfred de), **Sainte-Beuve**, — **Talleyrand** (le prince de), — **Raguse** (le duc de), **Larochefoucauld** (le duc de). Onze portraits in-8 et in-4. Très belles épreuves d'artiste, avant la lettre, sur chine.

GOYA (F.)

365 — **Philippe III**, roi d'Espagne, — **Marguerite** d'Autriche, reine d'Espagne, femme de Philippe III, — **Olivarès** (Gaspar de Guzman, comte d'). Trois portraits in-fol. équestres, d'après Vélasquez. Très belles épreuves.

GRENAUD, GREVEDON, GUÉRARD, GUERDET ET GUILLAUMOT

366 — **Corot**, — **Lamartine** (A. de), — **Pulszky** (le patriote Hongrois), — **Richebourg** (Emile), — **Guerdet**, — **Sardou** (Victorien). Six portraits in-8 et in-4. Très belles épreuves. Les deux derniers sont avant la lettre.

HANRIOT, D'HAUTEFEUILLE ET HILLEMACHER

367 — **Monaco** (S. A. sérenissime le prince de), d'après Montaut, — **Walter-Scott**, d'après Reaburn, — **Orléans** (Gaston d'). Epreuve avant la lettre. Trois portraits in-8 et in-4, Belles épreuves.

HÉDOUIN (Ed.)

368 — Aïscha bent **Tchelabia**, — **Vigny** (Alfred de). Etat d'eau-forte, — **Tourgueneff**. Avant la lettre, — L'Invalide de Greenwich. Avant la lettre, — **Noailles** (Mme la marquise de), d'après Lagrenée, — Portrait de femme en buste, XVIIIe siècle. Avant la lettre, — Jeune garçon, d'après Greuze, — Profil de femme. Avant la lettre. Huit pièces in-8 et in-4. Très belles épreuves.

HENRIQUEL-DUPONT

369 — **Coiny** (Joseph), graveur, — **Desenne** (Alexandre), dessinateur, — **Henriquel-Dupont** père, — **Mirbel** (Mme de), d'après Champmartin. Quatre portraits in-8. Très belles épreuves.

370 — **Delaborde** (le vicomte Henri), — **Duchatel** (le comte), d'après Flandrin. Epreuve d'artiste, avant la lettre, sur chine, — **Sauvageot** (Alexandre-Charles). Trois portraits in-4 et in-fol. Très belles épreuves.

371 — **Vernet** (Carle), d'après Paul Delaroche, — **Henri IV**, jeune, — **Rubens**, fragment de l'Hémicycle, — **Montaigne** (Michel de). Quatre portraits in-8 et in-4. Très belles épreuves, avant la lettre.

372 — Portrait d'une dame et de sa fille, d'après Van Dyck. In-fol. Epreuve avant la lettre.

373 —**Mansart et Perrault**, sur une même planche, — Michel-Ange soignant son domestique malade, d'après Robert Fleury, — Jeanne d'Arc, d'après Benouville. Trois pièces. Très belles épreuves avant la lettre.

374 — **Molière** (J.-B. Poquelin de), d'après P. Mignard. In-fol. Très belle épreuve avant la lettre, sur chine.

375 — **Pierre-le-Grand**, d'après Paul Delaroche. In-fol. Très belle épreuve, sur chine.

376 — Cromwel au tombeau de Charles Ier, d'après Paul Delaroche. Très rare épreuve à l'état d'eau-forte, toute marge.

377 — Abdication de Gustave Wasa, d'après Hersent, — **Louis-Philippe Ier**, roi des Français. In-fol. en pied. Epreuve d'artiste non entièrement terminée. Deux pièces. Très belles épreuves avant la lettre.

HERVIER

378 — Son portrait, avec croquis autour. In-4. Epreuve sur chine.

HOPWOOD

379 — **Byron** (lord), — **Merlin** (la comtesse), — **Say** (J.-B.), — **Tozeno** (le comte de), — **Walter Scott.** Avant la lettre et eau-forte, **Michel-Ange,** — Les quatre poètes Italiens. Huit portraits in-8. Très belles épreuves avant la lettre, sur chine.

380 — **Louis-Philippe I**er, d'après Eugène Lami, — S. A. R. Mme **Adélaide,** d'après Winterhalter, — La reine **Victoria** et le prince **Albert,** d'après Winterhalter, — **Aberdeen** (Earl of). Cinq portraits in-fol. Très belles épreuves.

HUOT ET LAUGIER

381 — Le Prix des tireurs de l'arc, d'après Van der Helst. Epreuve à l'état d'eau-forte avancée, — **Le Tintoret,** d'après lui-même, — **Urbain** (F. duc d'). Trois pièces. Très belles épreuves avant la lettre.

HUOT, LECONTE ET LEFÈVRE

382 — **Denon** (le baron), d'après Prud'hon. Epreuve d'artiste, avant la lettre, sur chine, — **Lamenais,** d'après Ary Scheffer. Epreuve d'artiste, avant la lettre, sur chine, — **Orléans** (la duchesse d'), d'après Winterhalter. Trois portraits in-4 et in-fol. Très belles épreuves.

JACQUE ET JACQUEMARD

383 — **Guiffrey** (J.-J.), littérateur, — **Valois** (Elisabeth de), reine d'Espagne, d'après Antonio Moro, — L'Infante **Isabelle,** d'après Simon de Vos, — **Vein** (Jacob van). Epreuve avant la lettre, — **Heijthuijsen** (Wilhem van), d'après Hals. Cinq portraits in-8 et in-4. Très belles épreuves.

JOURNET (LOUISE) ET T. JOHANNOT

384 — **Gladstone,** — **Boulgarin** (le prince). Six petits portraits formant frontispice. Trois pièces. Très belles épreuves. Les deux dernières sont avant la lettre, sur chine.

KING, KŒNING ET KŒPPING

385 — Portrait d'homme. Epreuve avant la lettre, — Cueüllet (Mme Adól. de), d'après elle-même, — Portrait de femme, d'après Rembrandt. Epreuve avant la lettre, — Un Bourgmestre, d'après Rembrandt. Epreuve avant la lettre. Quatre portraits in-4 et in-8. Très belles épreuves.

LAFOND ET LAGUILLERMIE

386 — **Verdi,** d'après Boldini, — **Augier** (Emile). Epreuve d'artiste avec dédicace, — **Duret** (F.), — Jeune fille au manchon, d'après Reynolds. Quatre pièces in-4 et in-8. Très belles épreuves.

LALAUZE

387 — **Courrier** (Paul-Louis), — **Monselet** (Charles), — **Miolan-Carvalho** (Mme), — **Remusat** (Mme de), — **Latour**, d'après lui-même, — **Mondonville** (Mme de), d'après Latour, — **Silvestre** (Louis de), d'après La Tour, **Grimod de la Reynière,** d'après La Tour, — **Manelli,** d'après La Tour, — **Dufreny.** Dix portraits in-8 et in-4. Très belles épreuves avant la lettre terminées, ou eaux-fortes.

LAMI (Eugène)

388 — **Chartres** (le duc de), — **Louvois** (le marquis de), — **Pastoret** (comte et comtesse de). Quatre pièces in-fol. pour le quadrille de Marie-Stuart. Belles épreuves sur chine.

LAMOTTE (Alph.)

389 — Jeune fille de San-Remo, — **Gautier** (Théophile), — **Mohammed,** bey de Tunis, — Le Capitaine X***, — Mme C***, — Mme D***, — Mme X***, — M. et Mme **Collèt,** Neuf portraits in-8 et in-4. Très belles épreuves d'artiste, avant la lettre, sur chine et sur japon.

LANE, LAUGIER, LAURENS ET LEBRUN

390 — **Grisi** (Giulia), d'après Chalon. Epreuve coloriée, — **Chateaubriand,** d'après Girodet. Epreuve avant la lettre, — **Chaplin,** d'après Ricard, — **Borel** (Pétrus). Quatre portraits in-8 et in-4. Très belles épreuves.

LECOMTE, LECOUTEUX ET LECOUTURIER

391 — **Huet,** de l'Opéra-Comique, d'après H. Huet, — **Lamennais,** d'après Scheffer. Epreuve à l'état d'eau-forte, — Don **Carlos,** d'après Bonnat, — **Dumas** (Alexandre) père. Quatre portraits in-4. Très belles épreuves avant la lettre.

LEFORT (H.)

392 — **Pasteur,** d'après Edelfelt,— **Richepin** (Jean). 2e état, avec croquis sur la planche, — **Proud'hon.** Trois portraits in-4 et in-8. Très belles épreuves avant la lettre.

LEFRANC, LEFMAN, LEGENISEL ET LEGROS

393 — **Lehmann** (Henri et Rudolf), — **Révillon** (Tony), — **Simon** (Jules). Epreuve avant la lettre, sur chine, — **Jourde,** membre de la commune. Epreuve d'artiste, sur chine, signée du graveur. Quatre portraits in-4 et in-8. Très belles épreuves.

LEGUAY, LELOIR, LEMAITRE ET LE RAT

394 — **Lebrun** (Mme Vigée). Avant la lettre, — **Leloir** père, sur un titre frontispice, — **Napoléon.** Epreuve à l'état d'eau-forte, — **Balzac,** par Lemoine, d'après Bertall. Avant la lettre, — **Molière** (J.-B. Poquelin de). Avant la lettre. Cinq portraits in-8 et in-4. Très belles épreuves.

LEISNIER

395 — La Formarina, d'après Raphaël. Deux épreuves, dont une à l'état d'eau-forte avant toutes lettres, par Simonet, et une épreuve terminée, avec la lettre.

LEROUX

396 — **Souza** (Don José de), d'après Gérard, — **Isabelle,** reine des Deux-Siciles, d'après Dien, — **Mornay** (le marquis de), d'après Mme Brune, — **Béclard,** médecin, — **David** (Louis), — **Duplessis-Grinedan,** député, d'après Gérard. Six portraits in-4 et in-8. Très belles épreuves, dont quatre avant la lettre.

LEROY (Alph.)

397 — **Corot,** d'après Aimé Millet, **Montaigne,** d'après Henriquel Dupont, — **Ransonnette** (Ch.). Trois portraits in-4 et in-8. Belles épreuves.

LESSORE (E.)

398 — **Delacroix** (Eugène), — **Deschamps** (Emile), — **Giraud** (Eugène), peintre. Trois portraits in-8. Epreuves d'artiste.

LEVASSEUR et LÉVY

399 — **Demarquay** (le docteur), d'après Cabanel, — **Prim** à la bataille de Los Castillejos, d'après H. Regnault. Deux épreuves, dont une avant toutes lettres, à l'état d'eau-forte, — **Léopold Ier**, roi des Belges. Epreuve avant la lettre. Quatre portraits in-fol. Très belles épreuves.

LÉVY, LHUILLIER et LIGNON

400 — **Edelinck** (Gérard), — Jeune garçon debout, d'après Pontormo, — **Hauterive** (le comte d'). Troits portraits in-4. Très belles épreuves, avant la lettre.

LIGNON (F.)

401 — **Léon X,** d'après Raphaël. Deux épreuves avant la lettre, dont une à l'état d'eau-forte, par Blanchard, — **Poussin** (Nicolas), d'après lui-même. Deux épreuves dont une avant toutes lettres à l'état d'eau-forte e tl'autre terminée avec le titre en lettres tracées. Quatre pièces.

LINGIARDI, LIPHART et LONGHI

402 — **Longhi** (Giuseppe), d'après Iesi, — **Zola** (Emile). Epreuve d'artiste, sur japon, — **Longhi** (Gio-Bat.). Trois portraits in-4. Belles épreuves.

LORICHON, L. LUCAS et D. LUCAS

403 — **Cuvier,** d'après Jacques. Epreuve avant la lettre, sur chine, — **Goya** (F.), d'après Lopez. Epreuve avant la lettre, — **Wellington** (le duc de), d'après Lawrence. Trois portraits in-8 et In-4. Très belles épreuves.

LURAT (Abel)

404 — **Falguière,** d'après Bonnat, — **Saucède,** d'après Bonnat, — **Carolus-Duran** (Mme), mère, d'après Carolus-Duran. Trois portraits in-4. Epreuves d'artiste.

405 — **Chardin** (Mme), d'après Chardin. Epreuve d'artiste, — **Verdi,** d'après Gilbert, — Mme la comtesse de **V.**, d'après Carolus-Duran. Trois portraits in-8 et in-fol. Belles épreuves.

MARAIS et DE MARE

406 — **Hogguer** (Mme), d'après Hodges, — **Rothschild** (le baron J. de), — **David** (Louis). Deux épreuves, dont une d'essai, — **Molière** (J.-B. Poquelin de), d'après Coypel, — **Coypel** (Ch.). Deux épreuves dont une à l'eau-forte pure, — **Montmorency** (le connétable de). Huit portraits in-8 et in-4. Très belles épreuves avant la lettre, en partie sur japon.

MARIN-LAVIGNE et MARTIAL

407 — **Lemercier,** imprimeur, — Mlle **Martial-Potémont,** — **Devonshire** (la duchesse de), d'après Gainsborough, — **Chintreuil** (Antoine), — **Murger** (Henri). Cinq portraits in-4 et in-8, dont trois avant la lettre. Très belles épreuves

MARRI, MARTINET et MECHEL

408 — Portrait d'un sculpteur, d'après Bronzino, — **Rembrandt,** d'après lui-même, — La Famille de Thomas Morus, d'après Holbein. Trois pièces. Très belles épreuves. Les deux premières sont avant la lettre.

MARTINET (Ach.)

409 — **Desbassayns de Richemont** (Eugène-Panon, comte), — **Gourkuff** (comte de), d'après H. Vernet. Epreuve d'artiste sur chine, — **Lacordaire** (le Père), d'après Bonassieux, — **Lagrange,** d'après ~~idem~~, — **Forster** (F.), graveur. Deux épreuves d'artiste, dont une à l'état d'eau-forte. Cinq portraits in-8 et in-4. Très belles épreuves.

MARTINET (Ach.)

410 — **Devinck,** président du tribunal du commerce, d'après Robert-Fleury. Epreuve avant la lettre, sur chine, — **Pasquier** (le chancelier). Epreuve avant toutes lettres à l'état d'eau-forte. Deux portraits in-4 et in-fol.

MASQUELIER (C.-L.)

411 — **Barilli** (Marianne), d'après Mlle **Lacazette**, — **Simiane** (Mme de). Epreuve avant la lettre. Deux portraits in-8. Très belles épreuves.

MASSARD (L.)

412 — **Detaille** (E.). — **Gérôme,** — **Lefèvre** (Jules), — **Bérenger,** — **Halévy,** — **Meyerbeer**. Six portraits in-4. Très belles épreuves avant la lettre.

413 — **Czartoryski** (le prince). Deux épreuves, dont une d'essai à l'eau-forte pure, — **Habeneck** (F.), — **Hédouin,** gravure avant la lettre, — **Lavigerie** (le cardinal), d'après Bonnat, avant la lettre, — **Lesseps** (F. de), avant la lettre, — **Massard** (J.), graveur, — **Cavaignac** (le général), d'après Vernet, — **Vernet** (Horace). Epreuve avant la lettre. Neuf portraits in-4 et in-fol. Très belles épreuves.

MASSARD ET METZMACHER

414 — **Laurens** (Jean-Paul), — **Mac-Mahon** (le maréchal de). Epreuve d'artiste avec dédicace. Deux portraits in-fol, belles épreuves.

MASSON (A.)

415 — **Artus** (Mlle), d'après Chaplin, — **Corcelles** (de), ambassadeur à Rome, — **Corot,** — **Delacroix** (Eugène), — **Girardin** (Mme Emile de), d'après Chasseriau, — **Lesseps** (F. de). Deux portraits différents, — **Krauss** (Mme), de l'Opéra, — **Leblanc** (Léonide). Neuf portraits in-4 et in-fol., dont sept avant la lettre. Très belles épreuves.

MAUDUISON, MAURIN, MAURISSET ET MERYON

416 — **Barthélemy** (le poète), d'après Johannot, — **Arago** (Jacques), — **Maurisset,** graveur industriel, — **Guérand** (Armand). Quatre portraits in-8 et in-4. Très belles épreuves, Les deux premiers sont avant la lettre.

MERCURY (P.)

417 — **Sainte Amélie,** reine de Hongrie, d'après Paul Delaroche, — **Colomb** (Christophe), d'après un tableau du temps, — **Tasso** (T.), premier état. Trois pièces. Belles épreuves, dont deux sur chine.

METZMACHER, MEUNIER ET MEYER

418 — **Christofle** (Charles), manufacturier, — **Dyck** (Ant. van). Épreuve avant la lettre, — **Saxe-Cobourg** (Léopold, duc de), d'après Chalon. Trois portraits in-4 et in-fol. Très belles épreuves.

MIGNERET, MILIUS ET MONGIN

419 — **Lafontaine** (J. de), d'après Ingres. Epreuve avant la lettre, — **Swebach,** d'après Boilly, — **Moxon** (Charles), d'après Orchardson, — **Furetière.** Deux épreuves d'artiste, dont une à l'eau-forte pure. Cinq portraits in-4. et in-8. Très belles épreuves.

MONNIN (E.)

420 — **Lacordaire** (le Père), d'après Chasseriau, — **Bérenger,** — **Sue** (Eugène), — **Manin** sur son lit de mort. Deux épreuves dont une à l'état d'eau-forte, — **Vincent** (Ch.). Six portraits in-8 et in-4. Très belles épreuves d'artiste, avant la lettre.

MONTAUT ET MONZIÈS

421 — **Houssaye** (Arsène), d'après Tony-Johannot, — M. et Mme Edwin **Edwards,** d'après Fantin-Latour, — Portraits de femme de la famille des ducs d'Urbin, d'après Bronzino. Epreuve avant la lettre, — **Coquelin** aîné, d'après Vibert. Epreuve d'artiste, avant la lettre. Quatre portraits in-8 et in-4. Très belles épreuves.

MORDANT, MORLAND ET MORSE

422 — Sous le Directoire, d'après Edelfelt, — **Le comte de Chambord et le comte de Paris,** — **Pouyer-Quertier,** ministre des finances, 1871-1872, — **Léon XIII,** pape. Deux épreuves d'artiste, dont une à l'état d'eau-forte. Cinq pièces in-fol. Très belles épreuves.

MORGHEN (Raphael)

423 — **Louis XVIII.** Deux épreuves d'états différents, avant la lettre, — **Alessandri** (A. G.), — **Canova** (Antonio), — **Dante**, d'après Toffanelli, avant la lettre, — **Machiavel,** d'après Bronzino, — **Guicciardini** (F.). Deux épreuves, dont une d'essai, à l'état d'eau-forte, — **Léon X,** pape, d'après Raphaël. Neuf portraits in-8 et in-4. Très belles épreuves.

MORIN ET MULLER

424 — Pièces pour les Ecclectiques, avec le portrait de Ed. Morin, — **Cham** dans son atelier, — **Jordan** (Camille), d'après Mlle Godefroy. Epreuve avant la lettre, sur chine. Trois pièces.

MORSE

425 — **Ursins** (la princesse des), — **Cousin-Montauban** (le général), comte de Palikao, — **Menier**, — **Richelieu**, d'après Champagne, — Sainte **Chantal.** Cinq portraits in-8. Très belles épreuves avant la lettre.

MULLER, NARDINI ET NARGEOT

426 — **Dreux-Brezé** (marquis de), d'après Guérin. Epreuve d'artiste avec dédicace, — **Sismondi** (Simondo), d'après Mme Meunier Romilly, — Mariage du duc et de la duchesse de Bourgogne, d'après Ant. Dieu. Trois pièces. Très belles épreuves d'artiste, avant la lettre, sur chine.

NANTEUIL (Célestin)

427 — **Hugo** (Mme Victor), d'après Boulanger. Epreuve du premier état, sur chine.

NARGEOT (A.)

428 — **Musset** (Alfred de), — **Houssaye** (Arsène), — **Gavarni,** d'après lui-même, — **Barry** (sir Ch.), architecte anglais, — **Vacquerie** (Aug.), — **Challemel-Lacour,** — **Rousseau** (J.-J.). Sept portraits in-8 et in-4. Très belles épreuves d'artiste, avant la lettre.

NORMAND (C.-V.) ET Mme O'CONNEL

429 — **Czartoriska** (la princesse), d'après Dubufle. Epreuve avant la lettre, — **Gérard** (le baron François), — **Normand** (C.), architecte. Trois portraits in-4. Belles Épreuves.

NORMAND, PERROT ET POLLET

430 — **Papety** (Dom.), d'après Hébert, — **Fauche Borel** (de), d'après Autissier, — **Darrican,** conseiller d'Etat. Epreuve d'artiste, avec dédicace, — **Vidal** (J.-C.), directeur de la banque de Rouen. Epreuve d'artiste, avec dédicace, — **Demidoff** (le prince Anatole), d'après Raffet. Cinq portraits in-4 et in-fol. Très belles épreuves.

PALMERINI ET PASSINI

431 — **Morghen** (Raphaël), — **Passini** dessinant, — **Schubert** (Franz). Trois portraits in-8 et in-4. Belles épreuves.

PANNIER

432 — **Napoléon III,** — **François-Joseph,** empereur d'Autriche, — **Fontaine,** architecte, — Le Père Favre, par Morse, — **Stuart** (Marie), — **Louis XIV,** — **Racine** (Jean), — **Vauban,** — **Vélasquez.** Neuf portraits in-8 et in-4. Très belles épreuves d'artiste, avant la lettre.

PEDRETTI ET PELÉE

433 — **Fleury** (le cardinal), d'après Rigaud, — **Delille,** — **Lamartine.** Trois portraits in-8 et in-4. Très belles épreuves avant toutes lettres.

PERFETTI, PÉRIN, PICOT ET PIGUET

434 — **Toscane** (l'archiduc Léopold de), d'après Ermini, — **Orsel** (Victor), — **Pallières**. Epreuve avant la lettre, — **Gambetta**. Epreuve d'artiste, — **Deschamps** (L.). Epreuve d'artiste, avec dédicace. Cinq portraits in-8. et in-4. Très belles épreuves.

PIGEOT

435 — Portrait du Docteur, d'après Meissonier, pour Paul et Virginie. Edition Curmer. Superbe épreuve d'artiste, avec les noms à la pointe, sur chine. Très grande marge.

PIOT, POLLET, PRÉVOST ET PAUQUET

436 — **Riester** (Martin), graveur d'ornement, — **Hugo** (Victor). Epreuve avant la lettre, — **Bonaparte** passant les Alpes, d'après David, — **Bonaparte** (N.-L.). Avant la lettre, — **Beauharnais** (le prince Eugène de). Cinq portraits in-8 et in-4. Très belles épreuves.

POTRELLE ET RICHOMME

437 — **Michel-Ange**, d'après lui-même, — **Raimondi** (Marc-Antoine), d'après Raphael. In-fol. Deux portraits. Belles épreuves.

PRUD'HOMME

438 — **Louis-Philippe I**er, roi des Français, d'après Winterhalter, — Le pape Léon XII porté dans Saint-Pierre de Rome, d'après H. Vernet. Deux pièces. Très belles épreuves d'artiste, avant toutes lettres.

QUENEDEY

439 — **Boieldieu**, — **Dussek**, — **Méhul**. Trois portraits in-4. Très belles épreuves.

RAFFET

440 — Dévouement du clergé catholique, — **Regnault de Sain-Jean d'Angely** (le maréchal), frontispice du voyage en Russie, — Charge des chasseurs d'Afrique. Quatre pièces. Très belles épreuues.

RAFFET

441 — **Gihaut** (Aimable). Epreuve avant la lettre, sur chine, — **Woronzoff** (le comte de). Deux portraits. Très belles épreuves.

RAIMONDI ET RUHIERRE

442 — **Toschi** (Paolo), — **Gall** (le Dr), d'après Mme Benoist. Deux portraits in-fol. Belles épreuves.

RAJON

443 — **Hoë** (Robert), président du Grolier-Club de New-York. In-fol. Epreuve d'artiste avant toutes lettres, grande marge.

444 — **Tennyson**. Poète anglais. In-fol. Epreuve d'artiste avant toutes lettre, grande marge.

445 — **Waard-Beecher** (Henri). In-fol. Epreuve d'artiste, avant toutes lettres, grande marge.

446 — **Bracquemond**, — **Lemoyne** (Alfred), poète, — **Brizeux**, — Le graveur. — **Ch. Meissonier** fils, d'après Meissonier. — **Steinheil** père, — Dame anglaise. Six pièces in-8 et in-4. Très belles épreuves, dont cinq d'artiste, avant la lettre.

447 — Portrait d'homme, à mi-corps, — Homme assis tenant un livre, — **Siddons** (Mrs), d'après Gainsborough, — L'Enfant bleu, d'après Gainsborough, — **Poniatowski** (Stanislas), — La femme de **Rubens** et son fils, d'après Rubens, — Portrait d'une vieille dame, d'après Rubens, — Portrait d'homme, XVIIe siècle. Huit portraits in-8 et in-4, dont cinq en épreuves d'artiste, avant la lettre.

RAMUS

448 — **Mourad Klan** (Le sultan), — **Midhat-pacha**, premier ministre ottoman. Deux portraits in-8. Très belles épreuves d'artiste.

RÉGAMEY (F.)

449 — **Hugo** (Victor), — **Lefort** (Henri), graveur, — **Mérimée**, — **Coquelin** cadet. Quatre portraits. Très belles épreuves d'artiste, avant la lettre.

REGNAULT

450 — **Lemonnier** (Mme), — **Mars** (Mlle), — **Montgommery** (R. de), — **Robin**, évêque de Bayeux, — Portrait de femme. — **Schramm** (le général, comte de). Six portraits in-8 et in-4, en épreuves d'artiste.

REYNOLDS, RIBALLIER ET RIQUIER

451 — **Berenger,** d'après Scheffer, — **Riballier** (Henri), graveur, — **Orchadson,** peintre anglais. Trois portraits in-8 et in-4. Très belles épreuves d'artiste, avant la lettre.

RIBOT, RUHIÈRE ET ROBERT

452 — **Cadart,** éditeur, — **Lapointe** (Savinien), — Le conventionnel **Lebas,** — **Berryer,** — **Favre** (Jules). Cinq portraits in-4, en épreuves d'artiste.

RIFFAUT

453 — **Bade** (Louis, grande-duchesse de), d'après Sandoz, — **Delavigne** (Casimir), — **Houssaye** (Arsène), d'après Vidal, — **Lefevre-Deumier** (Jules), — **Nodier** (Charles), — **Pyat** (Félix), — La Dame aux Camélias — **Sévigné** (Mme de), — **Lafayette** (Mlle de). Neuf portraits in-8 et in-4, dont trois avant la lettre.

RŒDEL, ROGER, ROLSS ET ROSOTTE

454 — **Willette** (Adolphe), — **Doublet** (François), médecin d'après Cochin, — **Walter-Scott.** Epreuve d'artiste. — **Orsel** (Victor), d'après Regnier. Quatre portraits. Belles épreuves.

ROPS (F.)

455 — **Lesly,** peintre. In-4. Très belle épreuve.

ROUSSEAUX (E.)

456 — **Sévigné** (Marie de Rabutin-Chantal, marquise de), d'après Nanteuil, — Portrait d'homme, d'après Francia. Epreuve avant la lettre, avec dédicace. Deux portraits in-fol. Très belles épreuves, sur chine.

RUOTTE

457 — **Albouy-d'Azincourt** (J.-T.-B.), d'après Bouton, — **Gontier,** d'après Lemoine. Deux portraits in-4. Belles épreuves.

SAINT-ÈVE, SALMON, SOUMY ET TAVERNIER

458 — **Sarto** (André del), d'après lui-même, — **Piombo** (Sébastien del), — **François Ier,** d'après Titien, — **Titien,** d'après lui-même. Quatre portraits in-4 et in-fol. Très belles épreuves, avant la lettre.

SAINT-ÈVE, SCHIASSI ET SIXDENIERS

459 — **Krasinski** (Sigismond), d'après Scheffer. Epreuve avant la lettre, sur chine, — **Mickiewicz** (A.), d'après Postempski, — **Arago** (François). Epreuve avant toutes lettres. Trois portraits in-fol. Très belles épreuves.

SCHIAVONETTI, SCRIVEN, SIXDENIERS ET SELLIER

460 — **Morghen** (Raphaël), — **Stael-Holstein** (la baronne de). Epreuve avant la lettre, sur chine, — **Milton,** — Monument à la mémoire de **Chintreuil.** Quatre portraits in-4. Belles épreuves.

SICHLING ET WAGNER

461 — **Gluck** (J.-Ch.), — **Klopstock** (F.-G.), — **Lessing** (J.-E.), — **Tieck** (Ludwig), — **Wieland** (Ch.-M.). Cinq portraits, in-4. Très belles épreuves.

SIMONET ET GAITTE

462 — François Ier et Charles-Quint visitant les tombeaux de Saint-Denis, d'après Gros, — Don Pedro, empereur du Brésil. Deux pièces grand in-fol. en hauteur. Epreuves à l'état d'eau-forte.

SISCO ET SOMM

463 — **Ingouf**, graveur. Deux épreuves d'artiste, dont une à l'état d'eau-forte, — **Judic** (Mme). Epreuve de remarque. Trois pièces in-4. Très belles épreuves.

TAUREL, TAVERNIER ET THÉVENIN

464 — **Guillaume**, roi de Hollande, — **Sophie**, reine de Hollande, d'après Pieman. Epreuves sur chine avec dédicace, — **Victoria**, reine d'Angleterre, d'après Sandoz. Epreuve avant toutes lettres, sur chine. Quatre portraits in-4 et in-fol. Très belles épreuves.

TEYSSONNIÈRES

465 — **Corneille** (Pierre), — **Corneille** (Thomas). Deux portraits in-fol. gravés à l'eau-forte. Epreuves d'artiste, dont une signée du graveur.

TOSCHI (P.)

466 — **Paer-Parmigiano** (Ferdin.), d'après Gérard, — **Lagrangia** (Giuseppe-Luigi), — **Mazzo** (Angelo), poète italien. Trois portraits in-4. Belles épreuves.

TOSCHI, VERZUYVEL ET WRIGHT

467 — **Léopold**, grand-duc de Toscane. Epreuve avant toutes lettres, avec dédicace, — **Wappers** (baron), peintre belge, — **Chichkof**, ministre de l'instruction publique en Russie. Trois portraits in-fol. Très belles épreuves avant la lettre, sur chine.

TRIMOLET ET TOUSSAINT

468 — **Trimolet** dans son atelier. Avant la lettre, — **Daubigny** (Ch.), — **Marie-Antoinette**. Deux épreuves d'artiste, dont une à l'eau-forte pure, avant la bordure. Quatre pièces.

VALENTIN ET VALLOT

469 — **Battoni** (Alexandre), — **Lambert-Lassus** (Elisa). **Bérenger** (P.-J. de), d'après Charlet. Deux épreuves

d'impression différente, — **Gérard** (le baron). Epreuve à l'état d'eau-forte, — **Gros** (le baron). Deux épreuves d'artiste, dont une d'essai à l'état d'eau-forte, — **Kléber**. Deux épreuves d'essai dont une à l'état d'eau-forte. Neuf pièces, dont deux avec la lettre.

VALQUIN, VANDEN BERGHE ET VARIN

470 — **Georges** (Mlle), dans le rôle de Catherine de Médicis, — **Solano-Constancio** (F.), médecin, — **Rachel** (Mlle). Epreuve avant la lettre, — **Varin** (Charles-Nicolas). Deux épreuves d'artiste, dont une à l'état d'eau-forte. Cinq pièces. In-8 et in-4.

VASQUEZ (J.)

471 — Marie **Tudor**, reine d'Angleterre, d'après Antonio Moro. In-fol. Très belle épreuve avant la lettre, toute marge.

VERNET (H.) ET VILLOT

472 — **Gagarine** (le prince), — **Bonington** (R. P.). Deux épreuves d'artiste, dont une à l'état d'eau-forte, — **Delacroix** (Eugène). Quatre pièces. Très belles épreuves avant la lettre.

WALTNER (CH.)

473 — **Vicq** (le baron de), d'après Rubens. Epreuve d'artiste, signée.

474 — **M. Laideguive**, d'après de Latour, — **Westrum** (Jasper Schabe van), d'après Hals, — **Vrydags van Vollenhoven** (M. et Mme), d'après Rembrandt. Quatre portraits. In-4. Belles épreuves.

WALTNER, WEBER ET BOCOURT

475 — François **Duquesne**, dit François Flamand, d'après Van Dyck, — Jules **Romain**, d'après lui-même. Epreuve d'artiste, — André **Vésale**, de Bruxelles, d'après Calcar. Trois pièces. Belles épreuves.

WATKINS ET WARTHINGTON

476 — Portrait d'un noble italien, d'après Moroni, — **Canova.** Deux portraits in-4. Très belles épreuves d'artiste, avant toutes lettres.

WEBER (F.)

477 — **Amerbach,** d'après Holbein. Très belle épreuve avant la lettre, sur chine, avec dédicace.

478 — **Érasme,** d'après Holbein. Très belle épreuve avant la lettre, sur chine, avec dédicace.

479 — **Canova.** Epreuve d'artiste, — **Collet** (Mme Louise), — **Cooper** (Fenimore), — **Kern,** ministre de Suisse à Paris. Epreuve d'artiste, — **Korsakoff** (la princesse). Epreuve d'artiste. Cinq portraits in-8 et in-4. Très belles épreuves.

WEDGWOOD ET WILLEMAN

480 — **Didot** (Firmin), — **Bernardin de Saint-Pierre,** — **Bérenger.** Trois portraits in-8 et in-4. Très belles épreuves d'artiste, avant la lettre.

WITTE (DE) ET YVES

481 — Portrait d'homme, — **Yves** (Ph.), graveur, — La Famille **Yves.** Trois pièces in-8 et in-4. Epreuves avant la lettre.

INCONNUS (GRAVEURS)

482 — **Balzac,** — **Baudelaire,** — **Blanchemain,** poète, — **Rosa-Bonheur.** Deux portraits différents. — **Bonnat,** — **Boulanger** (le général). Sept portraits en épreuves d'artiste, avant toutes lettres.

483 — **Curmer,** — **Debucourt,** — **Delavigne** (Casimir), — **Denon** (le baron), — **Durandeau** (Mme), sage-femme, **Flotte** (Paul de), — **Furne.** Six portraits in-8 et in-4, en partie épreuves d'artiste.

484 — **Gladstone,** — **Goya**. Deux portraits différents, — **Gudin** (Théodore), — **Guiniot** (Eugène), — **Laroche-jacquelin** (marquise de), — **Larousse** (Pierre), — **Legouvé,** poète, — **Lockroy**. Huit portraits in-8 et in-4, en épreuves d'artiste.

485 — **Millet** (J.-F.), — **Pie IX,** — Mgr de **Quélen,** archevêque de Paris, — **Redouté,** peintre de fleurs, — **Ritter,** pianiste, — **Sainte-Beuve,** — **Thibault,** architecte, — **Vinoy** (le général), — **Zamoiski** (le comte André), — L'Atelier d'Horace Vernet. Dix pièces, dont neuf en épreuves d'artiste.

PORTRAITS PUBLIÉS PAR SUITES

486 — **Benjamin**. Panthéon charivanique. 62 portraits publiés par le Journal *le Charivari*. Très belles épreuves.

487 — **Ceroni**. Les Émaux de Petitat. Exemplaire complet, en partie sur chine. Epreuves avant la lettre, sauf deux qui sont avec, sans texte.

488 — **Boileau**, — **Corneille**, — **Lafontaine**, — **Malherbe**, — Mme **Pascal**, — Charles de **Sévigné**. Six portraits in-4 en épreuves d'artiste. Les trois premiers à l'état d'eau-forte.

489 — **Daumier**. Les Représentants représentés. Cinquante-deux pièces en partie avant la lettre. Très belles épreuves.

490 — **Daumier** (H.). Idylles parlementaires, Actualités, Physionomies de l'Assemblée, etc. Vingt pièces. Belles épreuves.

491 — **Deveria** (A.). Portraits divers d'hommes. Vingt-deux pièces in-4. Très belles épreuves.

492 — **Divers**. Portaits anglais de femmes, d'après Lawrence, Westall, Reynolds, etc. Vingt-trois portraits in-8 et in-4, en partie avant la lettre, sur chine.

493 — **Galerie de la Presse**. Quatre-vingt-cinq portraits in-4, publiés chez Aubert. Très belles épreuves.

494 — **Galerie Théâtrale**. Mme Albert, — Batiste, — Bocage. — Boulard, — Mme Dorus-Gras, — Mlle Dupont, — Mme Gontier, — Levasseur, — Mlle Mars, — Saint-Prix, — Mme Thénard. Onze pièces in-4, en noir ou coloriées, et trois avant le lettre.

495 — **Lacauchie**. Portraits d'acteurs. Vingt-deux pièces in-4. Très belles épreuves.

496 — **Mesplis**. Costumes de théâtre. Trente-une pièces. Très belles épreuves.

497 — **Quenedey et Chrétien**. Portraits de l'époque de la Révolution, gravés au physionatrace. Dix-neuf pièces. Très belles épreuves.

Imprimerie D. Dumoulin et Cie, à Paris.

www.ingramcontent.com/pod-product-compliance
Lightning Source LLC
LaVergne TN
LVHW010620110826
845149LV00003B/988

9782014471250